Döhring · Kleine Spiele zum Beginn und Ende der Sportstunde

Volker Döhring

Kleine Spiele zum Beginn und Ende der Sportstunde

5., durchgesehene Auflage

Limpert Verlag Wiebelsheim

Die Ratschläge in diesem Buch sind vom Autor und dem Verlag sorgfältig erwogen und geprüft, dennoch kann keine Garantie übernommen werden. Eine Haftung des Autors bzw. des Verlages und seiner Beauftragten für Personen-, Sach- und Vermögensschäden ist ausgeschlossen.

Bibliografische Information der Deutschen Nationalbibliothek
Die Deutsche Nationalbibliothek verzeichnet diese Publikation in der Deutschen Nationalbibliografie; detaillierte bibliografische Daten sind im Internet über http://dnb.de abrufbar.

5., durchgesehene Auflage

www.limpert.de

Umschlagbilder: Scott Krausen
Zeichnungen: Scott Krausen, Mönchengladbach; Kasia Sander, Recklinghausen
Druck und Verarbeitung: Read Me Printing House, Warsaw
Printed in Europe / Imprimé en Europe
ISBN 978-3-7853-2013-6

Inhaltsverzeichnis

Der Unterrichtsbeginn und das Unterrichtsende im Sport werden oftmals leichtfertig vernachlässigt. Die Planung und Gestaltung von Sportunterricht konzentriert sich in Schule und Verein verständlicherweise auf den Hauptteil der Unterrichtszeit. Doch auch der Beginn und das Ende einer Unterrichtsstunde leisten einen wichtigen Beitrag zum Erfolg einer Stunde.

Ein guter Anfang ist die beste Basis für einen erfolgreichen Verlauf des Unterrichts. Ein guter Anfang motiviert, macht Laune und bereitet spätere Inhalte gut vor. Ein guter Anfang erzeugt aber auch Gemeinsamkeit, führt in die Regelhaftigkeit von Sport ein und sagt: „Jetzt geht's los!"

Beim Ende gilt – wie so oft im Leben: „Ende gut, alles gut!". Das Ende bildet nicht nur den Abschluss des Unterrichts, sondern bleibt in guter Erinnerung, motiviert für nächste Stunden, versöhnt mit den möglicherweise beschwerlichen, anstrengenden Stundeninhalten und erzeugt noch einmal Gemeinsamkeit, wo der sportliche Wettkampf gegebenenfalls Sieger und Verlierer produzierte.

Anfang und Ende bilden folglich die Klammer einer guten Unterrichtsstunde – ob in der Schule oder im Verein. Kleine Spiele leisten hierzu einen wesentlichen Beitrag. Sie aktivieren, machen Spaß und sind für Kinder und Jugendliche, aber vielfach auch für ältere Teilnehmerinnen und Teilnehmer (TN) sehr gut geeignet.

Viele Spiele können mit und ohne Variationen auch problemlos von Menschen mit Behinderungen gespielt und damit auch in heterogenen Gruppen oder im inklusiven Unterricht eingesetzt werden.

In diesem Buch werden viele Spiele vorgestellt und variiert, die den Anfang und das Ende im Sportunterricht in Schule und Verein erfolgreich begleiten und gestalten helfen. So erhalten Lehrende und Übungsleiter einen guten Einblick und viele neue Ideen für ihren Unterricht in allen Altersklassen und -Gruppen.

Zum Aufbau des Buches

Das Buch gliedert sich in zwei Teile. Der erste Teil widmet sich Spielen zum Unterrichtsbeginn; der zweite Teil Spielen zum Ende einer Sportstunde. In beiden Teilen werden zunächst die wichtigsten Aspekte solcher Spiele dargestellt. So können Sie sich über Hintergründe, Aufgaben, Kriterien, Funktionen und Merkmale von Spielen am Stundenbeginn und -ende informieren und orientieren.

Nach wenigen Seiten solcher, aus Sicht des Autors, notwendigen Hinweise schließt sich eine Fülle von Spielbeschreibungen an. Diese wurden, zur besseren Übersicht und für einen gezielten Einsatz, unterschiedlichen Kategorien zugeordnet. Dabei ist zu bedenken, dass manche Spiele mehreren Spielkategorien zugeordnet werden können. So können einige der dargestellten Spiele sowohl am Anfang also auch am Ende einer Stunde ihren Platz finden. Sie können somit einerseits als Reaktionsspiel die TN aktivieren und andererseits gemeinsames Handeln als Grundlage des Unterrichts ermöglichen. Manchmal müssen die Spiele für einen solchen anderen Einsatz mit etwas Geschick variiert werden.

Spieltypisch ist, dass für die gleiche Spielidee oft verschiedene Namen geläufig sind. Falls dies so ist, wird versucht, diese Namen auch im Titel zu kennzeichnen, wobei die Namen dann in Klammern hinter dem Titel stehen. Wenn Variationen zu weiteren Spielen führen und einen eigenen Namen erhalten haben, wird diese Variation im Titel mitgenannt und in der Spielbeschreibung kurz erläutert. Der einfachen Übersicht wegen erfolgt die Darstellung der Spiele durchgängig nach dem gleichem Muster:

Titel
Spielort
Material
Spielidee und Grundregeln
Hinweise zur Organisation, Methodik und Sicherheit
Variationen

Am Ende des Buches befindet sich zudem eine tabellarische Übersicht, in der alle Spiele alphabetisch geordnet sind und mit Seitenzahlen auf ihren Ort im Buch verweisen. Zudem werden die Spiele dort möglichen weiteren Einsatzbereichen zugeordnet, sodass Sie als Leserin oder Leser schnell überprüfen können, ob sich ein ausgewähltes Spiel auch für kurze Pausen auf dem Schulhof oder in der Klasse eignet.

Eine kurze Einführung in Spiele zum Unterrichtsbeginn

Sportunterricht besteht meist aus einem Anfang, einem Hauptteil und einem Schluss. Die eigentliche didaktische Funktion des Unterrichtsbeginns ist es, die Teilnehmerinnen und Teilnehmer (TN) auf das Thema der Stunde einzustimmen. Spiele weisen insbesondere am Anfang und am Ende große Verbreitung und Relevanz auf. Sie bilden die wichtige Klammer, in die der Schwerpunkt der Stunde eingebettet ist. Spiele zu Beginn des Sportunterrichts sollen so zunächst eine Atmosphäre erzeugen, die die nachfolgende Erarbeitung eines Hauptteils ermöglicht.
Dies sind genügend Gründe, Kriterien und Funktionen zu entwickeln, die die besonderen Bedürfnisse des Sportunterrichts berücksichtigen und Spiele vorzustellen, die den Anfang und das Ende des Unterrichts gelingen lassen. Ein guter Einstieg ist dabei oft schon die halbe Miete des späteren Unterrichtserfolgs. Und ein für alle freudvoller Abschluss ist meist wichtiger, als die wenigen Minuten seiner Dauer es vermuten lassen.
Wenn im vorliegenden Buch der Einsatz von Spielen zum Unterrichtsbeginn und Unterrichtsende angesprochen wird, soll dies nicht bedeuten, dass nicht auch andere Unterrichtsanfänge wie beispielsweise der ‚informierende Unterrichtsbeginn' bedeutungsvoll sind. Idealerweise lassen sich verschiedene Typen von Unterrichtseinstiegen verbinden. Kleine Spiele zum Unterrichtsbeginn und -ende erhalten für den Sportunterricht jedoch eine besondere Bedeutung, weshalb sie hier im Mittelpunkt stehen.

Spiele zum Unterrichtsbeginn, und der Unterrichtsbeginn im Sport selbst, haben einen hinführenden Charakter auf den Hauptteil des Unterrichts. Selbstverständlich können und sollen Spiele auch das Thema einer Stunde bestimmen können, doch diese Zielrichtung soll hier nicht weiter verfolgt werden. Es geht vielmehr darum, dass die TN sich in der Zeit des Unterrichtsanfangs in die Situation des Sportunterrichts einfinden, Verhaltensregeln realisieren, sich aufwärmen sowie die Konzentration und die Stimmung für die nachfolgenden Lehr-Lern-Prozesse erzeugen.
Hieraus ergeben sich gleich mehrere wichtige Aspekte, die es bei der Umsetzung in die Praxis zu beachten gilt. Spiel- und Übungsformen zu Beginn des Unterrichts sollen meist einem Zweck dienen, weshalb nachfolgend die Funktionen von Spielen des Unterrichtsbeginns skizziert werden. Mindestens genauso wichtig sind die Bedingungen, denen solche Spiele gerecht werden müssen, weshalb zunächst ausgewählte Kriterien für geeignete Einstiegsspiele dargestellt werden.

Kriterien für geeignete Spiele zum Unterrichtsbeginn

Spiele zum Unterrichtsbeginn sollten möglichst viele der nachfolgenden Bedingungen erfüllen. Oft ist ein guter Unterrichtsbeginn an solche Bedingungen geknüpft. Nicht notwendigerweise müssen dabei stets alle Bedingungen erfüllt sein.

1. Ein Spiel zum Unterrichtsbeginn muss einen zügigen Start gewährleisten!

Am Stundenanfang sind eigentlich alle darauf aus, dass es schnell losgeht. Dies gilt genauso für Kinder und Jugendliche in der Schule wie für Sporttreibende im Verein. Daher ist eine rasche Initiierung der Spiel- und Übungsform unabdingbar. Lehrende, die zum Unterrichtsbeginn erst ein Spiel lang und breit erklären müssen, bevor es losgeht, befinden sich nicht selten in einem Interessenskonflikt mit ihren Zuhörern. Auch bringen jüngere TN nicht die Ruhe und Konzentration mit, um erst einer langen Erklärung zu folgen. Hieraus folgen drei Grundsätze:

1. Spiele zum Unterrichtsbeginn bedürfen einer schnellen Initiierung.
2. Spiele zum Unterrichtsbeginn dürfen keinen aufwändigen Aufbau voraussetzen oder dieser ist bereits vor dem Unterricht (ggf. von Kollegen) erfolgt.

3. Spiele zum Unterrichtsbeginn dürfen kein komplexes Regelwerk aufweisen oder das Spiel wurde im Rahmen des Unterrichts schon einmal gespielt, sodass alle TN die Regeln bereits verstanden haben und diese beachten können.

Am einfachsten und sinnvollsten für alle Beteiligten ist es, wenn es nach einer geeigneten Begrüßung zum Unterrichtsbeginn und gegebenfalls einem informierenden Unterrichtseinstieg nur noch ein oder zwei Sätze für eine Spielerklärung bedarf. So kann der Unterricht und damit der bewegungsorientierte Teil sofort beginnen.

Je nach Situation und Lerngruppe können die TN jedoch auch schon selbstständig und routiniert ein Spiel beginnen, in das sich im Laufe der ersten Minuten immer mehr, bereits umgezogene, TN einfinden. Die TN spielen in diesem Fall so lange, bis alle TN umgezogenen sind. Die Begrüßung findet dann nach dem Spiel statt (siehe Spiele zum Stundenbeginn „ohne Spielleiter").

2. Ein Spiel zum Unterrichtsbeginn muss alle TN beteiligen und aktivieren!

Wenn ein Spiel zum Unterrichtsbeginn seine Funktion erfüllen soll (siehe unten), ist es unerlässlich, dass alle TN aktiviert werden, zum Beispiel, um die Funktion des Aufwärmens zu erfüllen. Dies ist u. a. bei den bewährten Fangspielen der Fall. Aber auch bei anderen Spielen zum Unterrichtsbeginn ist es wichtig, alle TN zu erreichen, alle zu aktivieren und allen auf diese Weise mitzuteilen: „Hallo, es geht los!" Keiner der TN sollte sich der dem Spiel immanenten Aufforderung „Mitzumachen" entziehen können. Auch sind Spiele, bei denen TN anstehen oder nur passiv sein können, nicht zweckdienlich.

3. Ein Spiel zum Unterrichtsbeginn sollte möglichst individuelle Anforderungen stellen!

Trotz der leitenden Idee der Gemeinsamkeit sollte ein gutes Spiel zu Unterrichtsbeginn die Beteiligten individuell fordern. Während sich zum Beispiel die sehr aktiven TN als Fänger austoben können, halten sich die etwas inaktiveren zurück und pausieren gegebenenfalls am Rand des Spielfelds. Die Höhe der Intensität können die TN also ein Stück weit selbst bestimmen. Dies bedeutet jedoch nicht, dass die TN hierbei am Rand stehen und möglicherweise nicht mitmachen. Vielmehr kann sich jede/r Einzelne seinen individuellen Bedürfnissen und Möglichkeiten entsprechend einbringen.

4. Ein Spiel zu Beginn sollte die Sicherheit aller Beteiligten gewährleisten!

Gerade zu Beginn des Sportunterrichts bestehen Sicherheitsrisiken und erhöhte Unfallgefahren. Die TN sind noch nicht aufgewärmt, sind möglicherweise übermotiviert, haben sich die Schuhe noch nicht gebunden oder haben vergessen, den Schmuck abzulegen. Spiele zu Beginn sollten die Besonderheiten des Unterrichtsanfangs berücksichtigen und mögliche Gefahren minimieren.

Funktionen von Spielen zum Unterrichtsbeginn

Spiele zum Unterrichtsbeginn dienen dem Aufwärmen (vgl. z.B. Moosmann 2007) – aber nicht nur! Manchmal ist es auch sinnvoll, soziale Prozesse zu initiieren oder mit dem Spiel einfach nur zu signalisieren: „JETZT beginnt der Unterricht!" Spiele am Anfang können vielen Funktionen nachkommen und sollten diese berücksichtigen. Dabei können diese, entsprechend des nachfolgenden Unterrichts, durchaus verschiedene sein. Lehrende und Übungsleiter sollten sich über die Funktion des Unterrichtsanfangs im Klaren sein und ein Anfangsspiel entsprechend der Lerngruppe, der situativen Bedingungen und der geplanten Inhalte auswählen und gestalten. Folgende Funktionen sollten, je nach geplanter Unterrichtsstunde, von möglichen Spielen erfüllt werden.

1. Unterricht beginnen und Regelhaftigkeit erzeugen!

Mit dem Anfang der Stunde sollte allen Beteiligten klar werden, dass der Unterricht jetzt beginnt und eine besondere Regelhaftigkeit einsetzt. Ein Spiel zum Unterrichtsbeginn kann damit zur Routine oder je nach Begrifflichkeit zum Ritual werden, durch das verdeutlicht wird: „Jetzt geht es los und die üblichen Regeln des Sportunterrichts treten mit Beginn des Spiels und der Stunde in Kraft!"

2. Unterrichtsatmosphäre schaffen und Gemeinsamkeit erzeugen!

Ein guter Unterrichtsbeginn sollte Gemeinsamkeit erzeugen. Hier gilt es, eine angenehme, aber auch verbindliche und konzentrierte Unterrichtsatmosphäre zu schaffen. Wettkampf- oder Staffelspiele sind deshalb in vielen Lerngruppen nicht für den Unterrichtsbeginn geeignet, da mögliche Frustrationen oder Euphorien ein Gegeneinander statt ein Miteinander erzeugen. Auch können solche Emotionen und daraus resultierende Diskussionen den anschließenden Unterrichtsschwerpunkt gefährden.

3. Zum Schwerpunkt hinführen bzw. hierfür aufwärmen!

Kleine Spiele zum Unterrichts- bzw. Stundenbeginn haben oft auch einen aufwärmenden und hinführenden Charakter. Spiele am Anfang sollten nicht zu bewegungsintensiv sein, da ansonsten die Gefahr von Verletzungen besteht, wenn die TN noch nicht richtig erwärmt sind. Eine Ausnahme bildet hierbei der Sport mit Kindern im Kindergarten- und Grundschulalter. In diesem Alter sind die TN als so genannte „Kaltstarter" durchaus in der Lage von „Null auf Hundert" loszulegen. Hier kann es daher auch sinnvoll sein, gleich „Vollgas zu geben". So können gerade junge TN mögliche starke Bewegungsimpulse erst einmal „ablaufen".
Auch ist es oft sinnvoll, mögliche Spiele zum Stundenbeginn dem Inhalt des nachfolgenden Unterrichtsschwerpunktes anzupassen, da sie der Vorbereitung dieser Inhalte dienen können. Hier bieten sich viele unterschiedliche Möglichkeiten an, sowohl bezüglich der Bewegungsauswahl als auch der kognitiven Anforderungen oder möglicher Eindrücke, die im Hauptteil fortgeführt werden sollen. Insofern kann auch das Abschlussspiel der letzten Unterrichtsstunde ein guter Start in den neuen Unterricht sein.

4. Freude erzeugen und motivieren!

Ein weiterer wichtiger Aspekt ist, dass TN in jedem Alter Freude an ‚Kleinen Spielen' empfinden. Wenn der Anfang des Unterrichts möglichst allen Beteiligten Spaß macht, sind die TN deutlich höher motiviert, mit Einsatzfreude am Geschehen des nachfolgenden Unterrichts teilzunehmen. Hier ist zu bedenken, dass TN nicht nur in die Stunde an sich, sondern in das gemeinsame Geschehen des „Sich-miteinander-Bewegens" eintauchen.

5. Zeit nutzen und Bewegungsgelegenheiten anbieten!

Der Stundenbeginn wird oft durch unterschiedliche Zeiten für das Umziehen hinausgezögert. Sinnvoll kann es daher sein, die ersten Aktivitäten so zu gestalten, dass in die Halle kommende TN sofort damit beginnen können, sich zu bewegen und nicht erst auf die anderen warten müssen. Warum sollten sich die TN schnell umziehen, wenn sie dann sowieso auf die anderen warten müssen? Hier gilt es die Zeit sinnvoll zu nutzen und von Anfang an zu signalisieren, dass die Unterrichtszeit im Sport eine sehr kostbare ist.
Dies kann durch kurze, freie Spiel- und Bewegungszeiten geschehen oder durch ein Spiel, bei dem neue Spieler ständig hinzukommen und sofort mitspielen können, z. B. bei jüngeren TN Fangspiele wie „Roter Blitz" oder „Sitz-Hase! – Lauf Hase!" oder bei älteren TN ‚Zombie' oder „Torjagd".

6. TN beteiligen und Verantwortung übertragen!

Schließlich kann es auch sinnvoll sein, dass TN zu Beginn der Stunde eine (Teil-)Verantwortung übertragen wird. Wenn die TN ein Spiel selbst initiieren und selbstständig regeln, wird der Lehrende für diese Zeit entlastet und kann gegebenenfalls einen Teil der Geräte zur Verfügung stellen oder andere Unterrichtsvorbereitungen treffen.
Gleichzeitig werden TN so handlungskompetenter und lernen ihr Spiel selbst zu regeln. Dies kann zum Beispiel in Form von selbst gewählten Spielen geschehen. Auch eignet sich eine Spielekartei mit Spielen für den Unterrichtsanfang gut, aus der abwechselnd diejenigen TN, die für den Unterrichtsbeginn verantwortlich sind, ein Spiel aussuchen und mit den anderen Schülern initiieren können. Diese Spiele könnten sogar schon in der Pause oder vor der Vereinsstunde durch die TN ausgewählt, erklärt oder kurz vorgestellt werden. In manchen Gruppen

kann diese Methode sogar zu einem richtigen ‚Renner' werden, wenn sich die TN beispielsweise auffordern: „Beeilt euch beim Umziehen, wir spielen gleich ‚Zombie'!"

Spiele, die nicht für den Beginn einer Sportstunde geeignet sind

Manche Spiele sind, insbesondere bei jüngeren TN, sehr beliebt und werden daher lautstark von den Kindern eingefordert. Doch nicht immer eignet sich der Einsatz solcher Spiele für den Unterrichtsbeginn. Das bei vielen Kindern beliebte Spiel „Oktopus" oder auch „Krakenfangen" ist insbesondere bei einem kalten Hallenboden ungeeignet. Gefangene TN müssen sich bei diesem Spiel hinsetzen und versuchen, vorbeilaufende TN wie eine Krake im Sitzen zu fangen. Es versteht sich eigentlich von selbst, dass solche Spiele, bei denen die meisten TN nur sitzen, wenig geeignet sind, einen aktiven Start in den Sportunterricht zu leisten. Besser wäre es ein Spiel auszuwählen, welches alle TN möglichst gleichermaßen aktiviert, wie „Sitz Hase! – Lauf Hase!"
Auch andere Spiele eignen sich nicht immer für den Unterrichtsbeginn. Hierzu zählen Staffelspiele oder auch Spiele aus dem Bereich der Sportspiele, die in einer Lerngruppe starke Emotionen auslösen, da sie Gewinner und Verlierer hervorgehen lassen. Ist dies in einer Lerngruppe der Fall, sollten eher Spiele gewählt werden, die keine direkten Sieger und Verlierer erzeugen.
Dies darf nicht missverstanden werden. Selbstverständlich sollen Kinder und Jugendliche lernen, mit Sieg und Niederlage umzugehen. Doch solche Inhalte gehören in den Hauptteil einer Unterrichtsstunde. In Lerngruppen, in denen das Ergebnis sowieso nicht sonderlich bedeutsam ist, können selbstverständlich viele Staffel- und Sportspiele den Anfang markieren.

Spiele zum Stundenbeginn

Viele Spiele sind zum Beginn einer Stunde möglich. Solche Spiele sollen, wie eingangs beschrieben, besondere Funktionen erfüllen: Sie sollen beispielsweise aufwärmen, wach machen oder das Gemeinschaftsgefühl betonen. Sicherlich lassen sich solche oder ähnliche Kategorien nicht trennscharf unterscheiden. Einige der Spiele können also in verschiedenen Kapiteln ihren Platz finden. In einer Spielesammlung dienen Kategorien auch der Übersicht und der leichteren Orientierung. Die folgende Spielesammlung ist deshalb in folgende Kapitel unterteilt:

- Spiele zur „Hallenerkundung"
- Spiele, die „wach" machen – Reaktionsspiel
- Fangspiele zum Unterrichtsbeginn
- Spiele zur Körperspannung
- Spiele, aus denen Gruppen oder Mannschaften hervorgehen
- Spiele mit kooperativen Handlungen
- Spiele zum Unterrichtsbeginn mit Bällen
- Spiele zum Stundenbeginn „ohne Spielleiter"

Am Anfang des Unterrichts ist manchen Kindern die Halle vielleicht fremd, weil sie noch nie in dieser Sporthalle waren. Versteckte Gefahren werden nicht erkannt, Größenzuordnungen und die Raumorientierung fallen gerade jüngeren Kindern schwer. Wenn Kinder die Halle noch nicht kennen, oder nach den Sommerferien das erste Mal wieder in die Halle kommen, bietet es sich an, Spiele zu spielen, die der Hallenerkundung dienen und zugleich den TN einen freudvollen Start in den Unterricht ermöglichen.
Spiele zur Hallenerkundung können aber auch immer wieder dazu beitragen, dass sich gerade jüngere TN vergewissern können, wo sie sind und wie es in der Halle ist. Auf Besonderheiten und mögliche Gefahren kann so ebenso spielerisch aufmerksam gemacht werden wie zum Beispiel auf Markierungen oder besondere Einrichtungen, die im Hauptteil der Stunde genutzt werden. Typische Spiele zur Hallenerkundung sind das sehr bekannte „Feuer-Wasser-Blitz“, Linienspiele oder auch „Fotograf und Kamera“ im zweiten Teil des Buches.

Feuer-Wasser-Blitz

Spielort: Halle, ggf. Sportplatz oder Pausenhof

Material: ggf. Musik, Bänke

Spielidee und Grundregeln:
Dieses bekannte Spiel eignet sich insbesondere bei jüngeren TN für den Stundenbeginn. Hier wird spielerisch die Halle erkundet und „erobert“. Zur Musik laufen die TN durch die Halle. Stoppt die Musik, nennt die Spielleitung oder ein TN ein Signal, woraufhin sich alle TN schnellstmöglich in Sicherheit bringen.
Typische Signale sind:

- Feuer: Alle TN rennen in die Ecken der Halle.
- Wasser: Alle TN retten sich vor dem (Hoch-)Wasser, indem sie auf etwas steigen oder klettern (Bänke, Sprossenwand usw.)
- Blitz: Alle TN bleiben wie vom Blitz getroffen in der Bewegung stehen.

Hinweise zur Organisation, Methodik und Sicherheit:
Oft wird das Spiel als Ausscheidungsspiel gespielt: Wer als letzter das Ziel erreicht, scheidet aus oder muss eine Runde aussetzen. Aus meiner Sicht spielen Kinder dieses Spiel auch ohne solche Regeln sehr gerne.

Variationen:
Weitere Signale können das Spiel ergänzen. Diese sollten gegebenenfalls von den TN erfunden werden, z.B.:

- Sonne: Alle TN laufen zum Weichboden und legen sich darauf, um ein Sonnenbad zu nehmen.
- Kaffeeklatsch: Alle TN setzen sich zu dritt oder zu viert zusammen und klatschen in die Hände.
- Urlaub: Alle TN legen sich auf den Bauch, schließen die Augen und entspannen.
- Ameise: Alle TN machen sich ganz klein.

Berühre etwas ...!

Spielort: Halle, Sportplatz, Freigelände, Pausenhof

Material: kein

Spielidee und Grundregeln:
Alle TN versammeln sich im Mittelkreis und müssen die Kreislinie oder eine zentrale Fläche bzw. ein zentrales Gerät berühren. Von dieser Grundstellung aus werden insbesondere jüngere TN ausgeschickt, um schnellst möglich etwas Besonderes zu berühren und dann schnell wieder zurück zu kommen. So kann spielerisch, vor allem in den ersten Stunden, eine Halle oder ein anderer Raum erkundet werden. Mögliche Aufgaben sind:

- Berühre etwas Hartes / Weiches!
- Berühre etwas Blaues / Gelbes / Rotes usw.!
- Berühre etwas Rundes / Eckiges usw.!
- Berühre etwas Großes / Kleines / Langes / Kurzes usw.!
- Berühre etwas Kaltes / Warmes usw.!
- Berühre etwas aus Holz / Eisen / Plastik usw.!
- Berühre erst etwas aus Holz und dann etwas aus Eisen!

Hinweise zur Organisation, Methodik und Sicherheit:
Es gilt die Ideen der TN aufzugreifen. Zudem können im Spiel sehr gut Hinweise zu möglichen Gefahren in der Halle erfolgen. Beispiel: „Alle haben gerade die Heizung berührt. Achtung, diese steht in der Halle. Bei Spielen müsst ihr besonders gut aufpassen, dass ihr euch nicht daran verletzt."

Variationen:

- aus einer Bewegung heraus (z.B. alle krabbeln, hüpfen, rennen und müssen auf ein Signal (Pfiff, Klatsch) hin etwas berühren)
- mit Musikstopp (alle TN tanzen oder laufen und erfahren ihre Aufgabe beim Musikstopp)

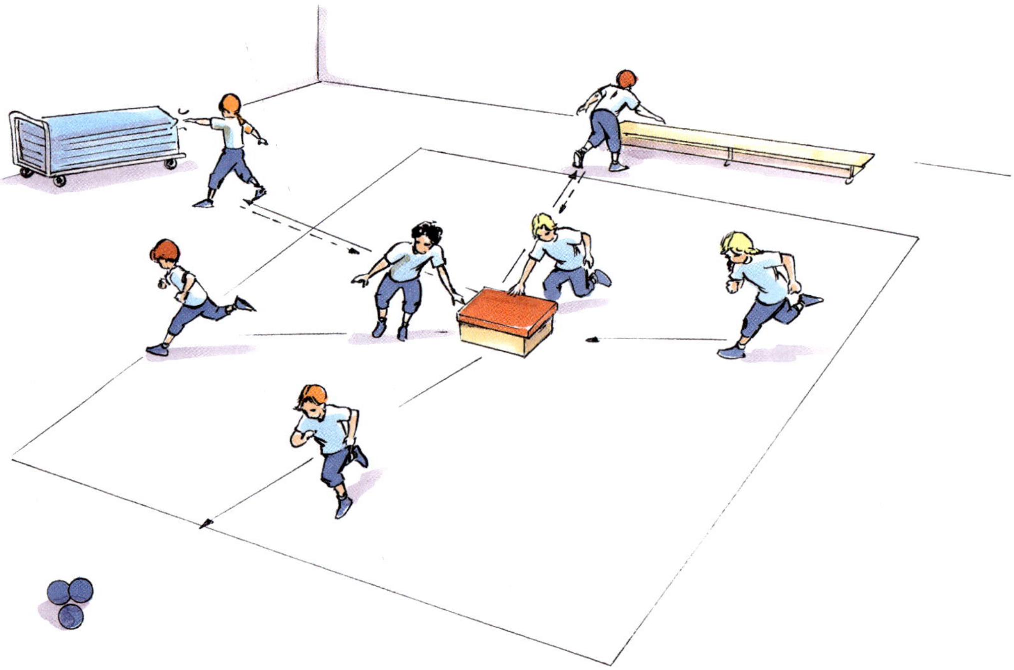

Pacman / Linienläufe / Spiele auf Linien

Spielort: Halle, ggf. Pausenhof

Material: kein

Spielidee und Grundregeln:
Linien dienen in vielen Spielen der Orientierung. Jüngere TN müssen diese aber erst kennenlernen. Hierzu eignen sich viele Spiele, die so variiert werden, dass sie ausschließlich auf den Linien stattfinden. Für andere TN stellen Spiele auf Linien eine besondere Herausforderung dar, weil sie präziser laufen oder dribbeln müssen und taktischer spielen können. Einige Beispiele werden im Folgenden kurz skizziert.

Hinweise zur Organisation, Methodik und Sicherheit:
Die TN müssen sowohl auf die Linien als auch auf die anderen TN achten. Das fällt insbesondere jüngeren TN noch schwer, weshalb zunächst langsame Variationen gespielt werden sollten.

Variationen:

Linienlauf mit Begrüßung
Alle TN laufen oder gehen auf den Linien. Begegnen sich 2 TN, begrüßen sich diese (z.B. mit Handschlag, Nasenreiben, auf Englisch usw.) und laufen in die andere Richtung wieder davon.

Balltausch
Diese Variante wird wie Linienlauf mit Begrüßung gespielt. Nur werden jetzt unterschiedliche Bälle am Fuß oder mit der Hand auf den Linien gedribbelt. Bei einer Begegnung werden die Bälle getauscht oder kurz zugespielt.

Pacman / Fangspiele auf Linien
Fangspiele können gerade zu Beginn einer Stunde sehr gut auf Linien gespielt werden, weil die Linien die sehr dynamischen Bewegungen des Fangspiels reduzieren. Bei Pacman gibt es mehrere Fänger, die die anderen TN fangen wollen. Die Fänger vermehren sich oder geben das Fangrecht weiter.

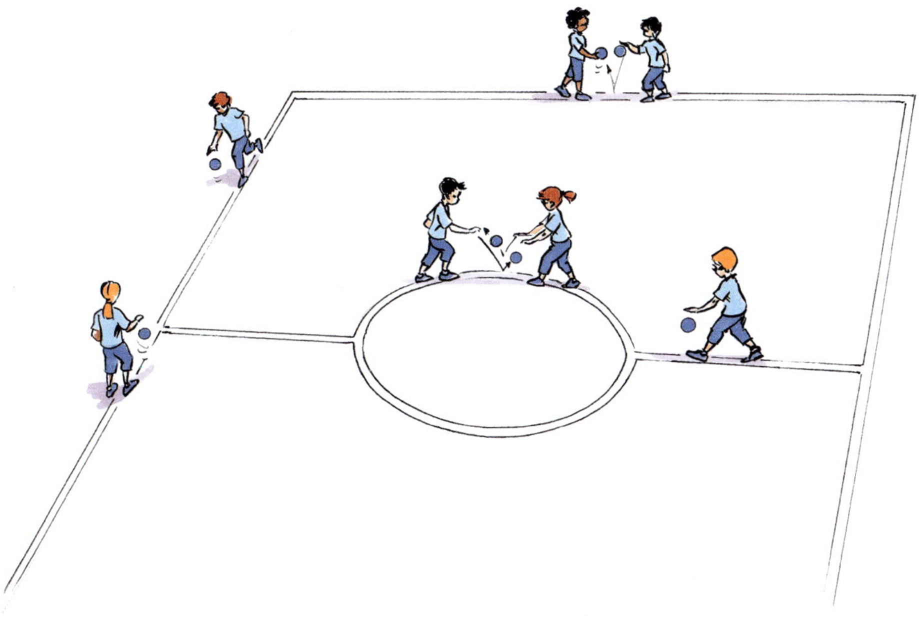

Spinnennetz

Spielort: Halle

Material: kein

Spielidee und Grundregeln:
Die Linien auf dem Hallenboden stellen ein Spinnennetz dar, auf dem alle laufen können. Eine oder zwei große Spinnen versuchen alle anderen zu fangen. Gefangene werden zu kleinen Spinnen, die die große Spinne unterstützen, indem sie tat- sächlich wie eine Spinne laufen müssen. Die kleinen Spinnen krabbeln zwar langsam im Spinnengang, können aber sehr geschickt Laufwege blockieren und so die freien Läufer einkreisen.

Hinweise zur Organisation, Methodik und Sicherheit:
In sehr großen Hallen kann das Spiel an Dynamik verlieren und sehr anstrengend werden. Hier sollte das Spielfeld ggf. eingeschränkt werden.

Variationen:
In sehr kleinen Hallen können alle TN krabbeln. Die große Spinne und die kleinen Spinnen krabbeln rücklings (Bauch zeigt nach oben); alle anderen krabbeln im bäuchlings (Rücken zeigt nach oben).

Briefe verteilen / Postspiel

Spielort: Halle, ggf. Pausenhof

Material: viele Briefumschläge, Postkarten oder Zettel mit Adressen (Straße & Hausnummer)

Spielidee und Grundregeln:
Der Briefträger/die Briefträgerin ist krank und wir müssen helfen! In einer Kiste hat die Spielleitung viele Briefe mit Straßennamen. Diese Briefe müssen in der Halle verteilt werden. Zuvor hat die Spielleitung Straßennamen auf auf bestimmten Stellen auf dem Boden, der Wand usw. befestigt. Die TN nehmen sich jeweils einen Brief und bringen diesen zur richtigen Straße.

Hinweise zur Organisation, Methodik und Sicherheit:
Die TN dürfen immer nur einen Brief nehmen.
Die vielen Briefe (100 bis 200 sollten es sein) können die Schüler auch im Unterricht anfertigen.
Sinnvoll sind etwa 10 verschiedene Straßennamen.

Variationen:
- Die Linien in der Halle sind die Straßen. Die TN laufen in der Halle nur auf den Linien.
- Die TN dürfen auf den Linien nicht aneinander vorbeilaufen. Wenn sich zwei Spieler begegnen, müssen beide umkehren.
- Wenn sich zwei Spieler begegnen, tauschen diese ihre Briefe.
- Die Briefe sollten nicht wahllos auf den Boden gelegt werden. Dies kann zur Rutschgefahr werden.

Pizzadienst
Statt Briefe werden kleine Pizzen verteilt. Als Pizzen können runde Pappdeckel oder Pappteller dienen.

Manchmal sind die TN zu Beginn der Sportstunde noch müde. Dies kann in den ersten oder letzten Stunden des Unterrichtsvormittages, nach einer Klassenarbeit, aber auch am Nachmittag in Schule und Verein der Fall sein. Hier helfen Spiele, die einen hohen Reaktionsdruck erzeugen und freudvolle Anteile enthalten. Durch den hohen Reaktionsdruck werden die TN schnell aktiviert. Ihnen bleibt gar nichts anderes übrig, als schnell wach zu werden. Vorbereitung und Aufwärmen wird hier also nicht nur als körperliches Erwärmen verstanden, sondern meint die psycho-physische Vorbereitung der TN auf die Stunde.

Reaktionsspiele zu Beginn des Unterrichts sollten nicht zu sehr an Wettkampfformen orientiert sein, sondern eher einen spielerischen Charakter aufweisen, da die TN noch unkonzentriert und meist nicht aufgewärmt sind. Wenn Reaktionsspiele freudvoll inszeniert werden, wird viel gelacht und die gute Laune führt schnell zu einem gelungenen Unterrichtsbeginn.

Sollen alle TN aktiviert werden, bedeutet dies zudem, dass alle TN am Spiel intensiv beteiligt sein müssen und keinesfalls in Zuschauerrollen schlüpfen dürfen. Insbesondere Spiele, die sich an der Partnerarbeit orientieren, eignen sich hier. So haben die unterschiedlichen TN genügend Zeit, in unterschiedlichem Tempo wach zu werden und ihr Spiel Stück für Stück zu intensivieren.

Erwisch das Krokodil / Hey, das war mein Fuß

Spielort: Halle, Sportplatz, Freigelände, Pausenhof

Material: kein

Spielidee und Grundregeln:
Um TN zu aktivieren, eignen sich auch die altbewährten Abschlagspiele. Hier werden verschiedene Varianten vorgestellt, die meist in Partnerarbeit durchgeführt werden:

a) Erwisch das Krokodil
Die TN sind Krokodile und stehen sich im Liegestütz gegenüber. Jetzt versucht jeder dem anderen auf die Hände zu schlagen, ohne selbst getroffen zu werden.

b) Hey, das war mein Fuß! / Fußtrappen
Die TN stehen sich gegenüber. Nacheinander versuchen sich die TN auf die Füße zu treten. Sie dürfen dabei nur einen Schritt, eine Bewegung oder einen Sprung machen.

Beide Spielformen können auch zu dritt oder zu viert gespielt werden.

Hinweise zur Organisation, Methodik und Sicherheit:

–

Variationen:

–

Broccoli (Stabfangen)

Spielort: Halle, Sportplatz, Freigelände, Pausenhof

Material: Stäbe, Turnstäbe (jeweils ein Stab je TN)

Spielidee und Grundregeln:
Die TN stehen verteilt in der Halle/auf dem Feld. Jeweils zwei TN stehen sich in einem selbst gewählten Abstand gegenüber. Bei einem vereinbarten Signal lassen die TN ihren Stab los und versuchen den Stab des Partners zu fangen, bevor dieser auf den Boden fällt. Als Signal können Gemüsesorten wie Broccoli (daher der Name des Spiels) genommen werden. Ruft jemand etwas anderes, passiert nichts.
Der Stab sollte selbstverständlich so losgelassen werden, dass dieser noch einen Moment stehen bleibt.
Wenn diese Anfangsübungen verstanden ist, wird aus dieser einfachen Reaktionsübung eine komplexe Aufgabe, die deutlich mehr Spaß macht. Hierbei bilden jeweils zwei Paare eine Vierergruppe, die sich in einem Rechteck aufstellt. Wird ein Gemüsename gerufen, muss man den Stab des rechten Nachbarn erlaufen. Wird eine Obstsorte gerufen, muss man den Stab des linken Nachbarn fangen.

Hinweise zur Organisation, Methodik und Sicherheit:
Am besten ist es, wenn sich die Paare oder die Vierergruppen das Signal selbst geben, zum Beispiel abwechselnd. So muss der Spielleiter nicht warten, bis alle fertig sind.

Variationen:
- Insbesondere am Anfang sollten die Partner immer mal gewechselt werden.
- Komplizierter wird es, wenn noch weitere Zeichen hinzugenommen werden, zum Beispiel: Wird ein Getränk gerufen, dreht man sich einmal im Kreis und muss seinen eigenen Stab fangen.
- Weitere Signale und Aufgaben sind möglich.
- Jede Vierergruppe bildet mit einer anderen Vierergruppe eine Achtergruppe mit ähnlichen oder neuen Spielvariationen.
- Die gesamte Lerngruppe spielt zusammen.

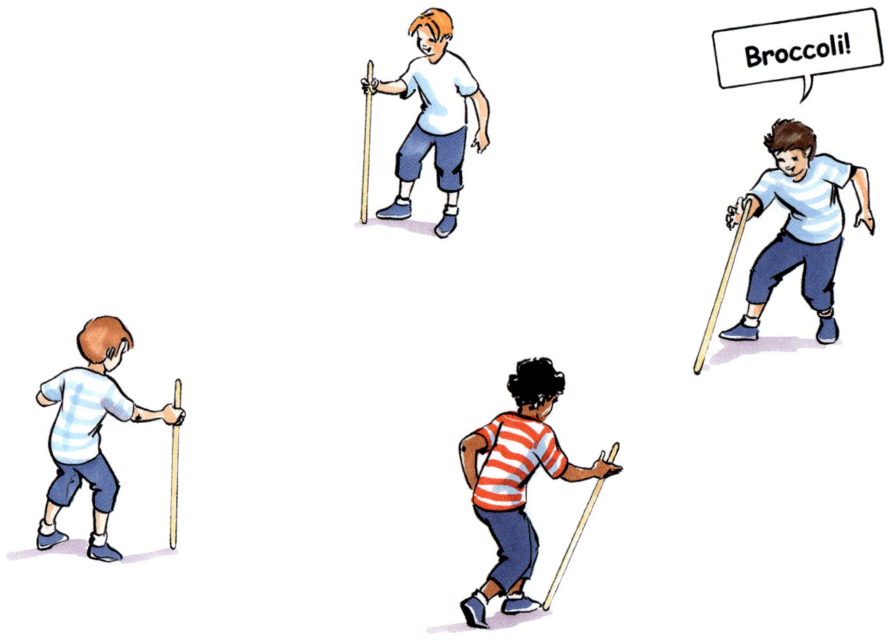

Schnick-Schnack-Schnuck

Spielort: Halle, Sportplatz, Freigelände, Pausenhof

Material: kein

Spielidee und Grundregeln:
Zwei Spielpartner stehen sich gegenüber und geben sich auf ein Kommando hin ein Zeichen. Dies können z. B. die geläufigen Handzeichen Stein, Schere und Papier wie beim bekannten Spiel „Schnick-Schnack-Schnuck" sein. Der Unterlegende läuft weg, der Gewinner wird zum Fänger. Dabei fängt Schere das Papier, der Stein fängt die Schere und das Papier fängt den Stein. Die Laufstrecke sollte nicht länger als 10 bis 20 Meter betragen.

Hinweise zur Organisation, Methodik und Sicherheit:

Grundsätzlich ist es sicherer, wenn der Spielleiter für alle das Kommando gibt. Im Sinne einer Erziehung zur Selbstständigkeit und um die Intensität zu steigern, können und sollten sich die Spielpartner jedoch zunehmend in eigener Regie selbst das Zeichen geben. Dann sollten die Laufwege der Spielpartner jedoch genau festgelegt werden. Es empfiehlt sich, dass sich die TN der Gruppe in einer Gassenform aufstellen. Die Läufer dürfen dann nur gerade fortlaufen und müssen in ihrer Bahn auch wieder zurückgehen. Eine hohe Unfallgefahr besteht, wenn sich die TN hieran nicht halten. Dann kann es passieren, dass gerade startende TN die zurückkommenden umrennen.

Variationen:

- Spiel in Kleingruppen

Statt einzelnen Paaren spielen Kleingruppen oder sogar die gesamte Gruppe gemeinsam. Hierbei einigen sich die beiden Teilgruppen im Geheimen auf ein Zeichen. Jede Gruppe muss jetzt auf Kommando des Spielleiters ihr Zeichen (Stein, Schere oder Papier) machen. Dieses Spiel eignet sich dann allerdings eher für das Ende einer Sportstunde, weil es wenig bewegungsintensiv, aber dafür sehr kommunikativ ist. Gefangene TN wechseln die Mannschaft.

- Siehe auch „Fuchs – Gans – Brennnessel"

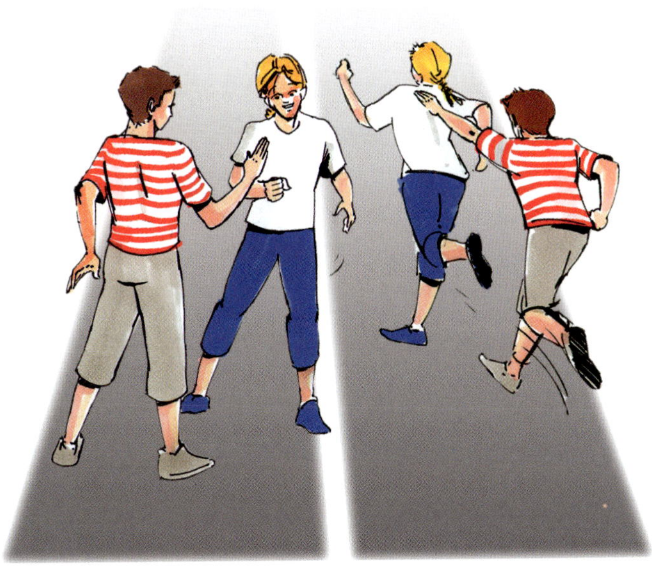

Tiger im Kreis

Spielort: Halle, Sportplatz, Freigelände, Pausenhof

Material: je nach Anzahl der TN ein oder zwei zusammengeknotete Zauberschnüre oder ein anderes Seil

Spielidee und Grundregeln:
Alle TN stehen in einem Innenstirnkreis und halten vor sich mit beiden Händen eine Zauberschnur fest, die ebenfalls einen Kreis bildet. Ein (später auch 2, 3, 4 oder 5) TN stehen als Tiger in der Mitte des Kreises und versuchen, eine beliebige Hand abzuschlagen. Die außen stehenden TN versuchen wiederum, ihre Hand wegzuziehen. Wird eine Hand getroffen, werden die Plätze von Tiger und TN getauscht.

Hinweise zur Organisation, Methodik und Sicherheit:

Achtung: Ringe und Schmuck sind vor Beginn unbedingt auszuziehen. Die Treffer auf der Hand können etwas wehtun. Die TN neigen bei dem Spiel dazu Stück für Stück nach hinten auszuweichen. Hierdurch kann zu viel Spannung entstehen und die Zauberschnur überdehnt werden. Die Spielleiter müssen dies beobachten und gegebenenfalls die TN auffordern einige Schritte nach innen zu gehen. Auch sollten die TN die Zauberschnur nicht loslassen dürfen, da diese wie ein Gummi dann die Tiger trifft.

Dieses Spiel ist nicht für jede Gruppe geeignet, macht aber häufig viel Spaß und durch den hohen Reaktionsdruck müde TN schnell munter.

Variationen:

- Die TN dürfen eine Hand los lassen.
- Die TN dürfen die Zauberschnur nicht loslassen, sondern dürfen nur die Hände auf der Schnur verschieben.
- Die Tiger dürfen einen Schlag antäuschen. Wer auf die Täuschung hereinfällt, muss in den Kreis. Im Zweifelsfall müssen sich die TN hier einigen.

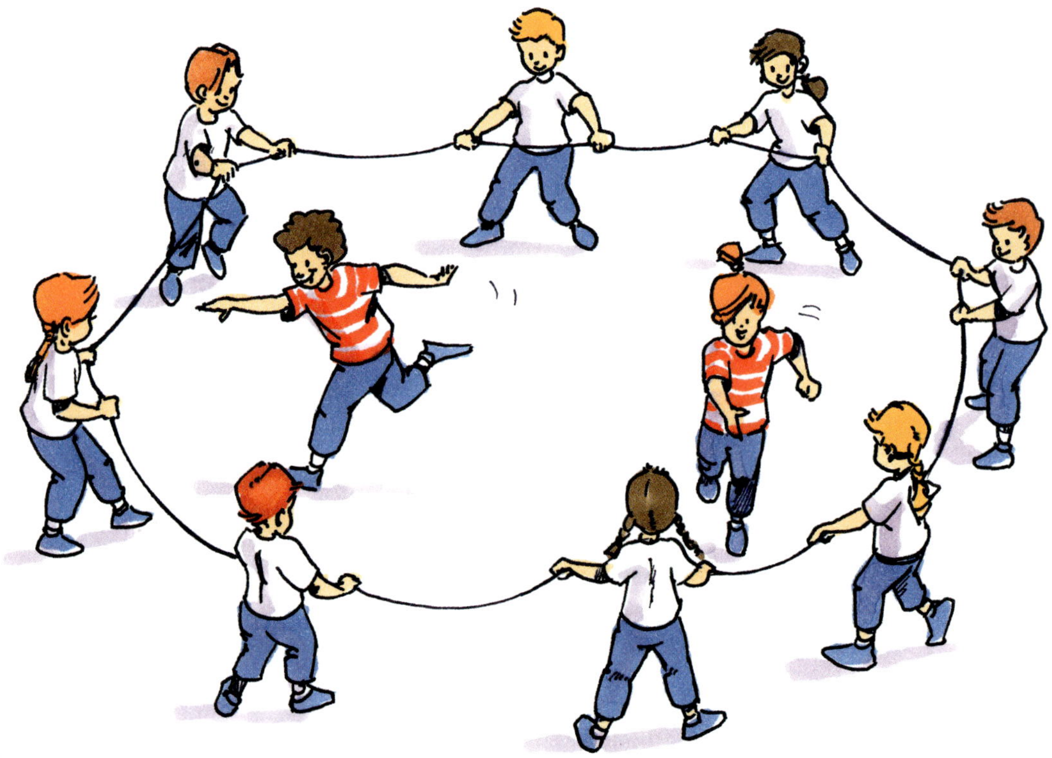

Fangspiele sind verbreitet und bilden einen traditionellen Start von Sportstunden. Sie binden alle TN mit ein, aktivieren, ermöglichen individuelle Belastungen sowie kurze Pausen. Zudem sind sie zeitlich gut zu kontrollieren. Einzig die oft hohen dynamischen Belastungen machen Fangspiele für Jugendliche und Erwachsene verletzungsträchtig. Dies gilt nicht für Kinder, da diese „Schnellstarter" sind und ohne Verletzungsrisiko, auch zu Beginn der Stunde, dynamische Belastungen gut vertragen. Manche Fangspiele lassen hohe dynamische Belastungen nicht notwendig erscheinen, z.B. „Sitz Hase! – Lauf Hase!". Oder die Fangspiele werden über die möglichen Bewegungen der Spielenden so gestaltet, dass intensive dynamische Belastungen deutlich reduziert werden (vgl. „Störche und Frösche"). Solche Inszenierungen von Fangspielen sind dann auch für Jugendliche und ältere TN geeignet.

Wichtig ist bei Fangspielen, auf regelmäßige Rollen- bzw. Fängerwechsel zu achten, wo dies nicht automatisch geschieht. Eine Belastungsdauer als Fänger von ein oder zwei Minuten bildet in der Regel die Obergrenze. Solche Wechsel können auch gut von den TN selbst gesteuert werden, indem zum Beispiel ein TN der „Zeitwächter" ist, der mit Hilfe einer großen Uhr nach einer Minute zum Rollenwechsel auffordert.

Fangspiele eignen sich entgegen der hier gewählten Ordnung aber auch oft für ein versöhnliches und schnelles Unterrichtsende. Alle TN werden noch ein weiteres Mal aktiviert. Sie können noch ein Mal richtig aufdrehen – müssen aber nicht. Und oft produzieren Fangspiele keine echten Sieger und Verlierer, manchmal sind sogar alle am Ende Gewinner. Fangspiele sind also nicht ohne Grund zu Beginn und Ende des Unterrichts weit verbreitet.

Bei Fangspielen zum Unterrichtsbeginn sollten TN nie ausscheiden: Sie sollen ja aktiviert werden und sich nicht auf der Bank ausruhen. Deswegen hier eine kurze Auswahl von Möglichkeiten, wie TN nach dem „Fangen" wieder „befreit" oder neu „aktiviert" werden können:

- durch das Erfüllen von Zusatzaufgaben (Springen in der Bratpfanne, eine Runde laufen, 10 Hampelmänner)
- durch TN, die sie befreien (Überspringen, Durchrutschen, Warmrubbeln, spiegelbildlich aufstellen usw.)
- durch Zufall (z.B.: Alle setzen sich auf eine Bank und würfeln abwechselnd. Wird eine 6 gewürfelt, dürfen alle wieder mitspielen.)
- durch einen Rollenwechsel (TN werden zu Fängern, Mitfängern, Monstern usw.)

Sitz Hase! – Lauf Hase!

Spielort: Halle, Sportplatz, Freigelände, Pausenhof

Material: kein

Spielidee und Grundregeln:
Das Spiel ist einfach: Alle TN sind gleichzeitig „Fänger", „Läufer" und „Befreier". Das heißt, alle TN können andere fangen, aber auch von anderen gefangen werden und andere befreien. Wer mit dem Ruf „Sitz Hase!" an der Schulter berührt wird, muss in die Hocke gehen. Dieser kann wieder laufen, wenn ein anderer TN ihn mit „Lauf Hase!" wieder an der Schulter berührt und damit „befreit".

Hinweise zur Organisation, Methodik und Sicherheit:
Im Spielverlauf entsteht eine hohe Dynamik von gefangen werden und selbst fangen, ohne dass die TN wirklich hohe Belastungen eingehen oder sehr schnellkräftige Bewegungen durchführen. Be- und Entlastung wechseln ständig. Wer eine kurze Pause benötigt, lässt sich kurz mit „Sitz Hase!" an der Schulter berühren. Kaum sitzt man, kommt bestimmt schon wieder jemand vorbei, sagt schnell „Lauf Hase!" und schon ist die Pause vorbei.

Sollten sich einmal zwei Spieler gleichzeitig auf die Schulter tippen, setzen sich beide hin. Dieses Spiel muss meist gar nicht erklärt werden, es reicht meist völlig aus, wenn einige wenige es vormachen und das Spiel gleichzeitig beginnt. Die Spielenden verstehen das Spiel meist von selbst.

Variationen:
–

Besondere Einsatzbereiche/Ziele/Schwerpunkte:
Dieses Spiel benötigt keine langen Erklärungen. Es wird von Spielenden ab ca. 5 Jahren leicht verstanden und kann mit allen Altersgruppen gespielt werden. Die Teilnehmerzahl ist unbegrenzt, das heißt „Sitz Hase! – Lauf Hase!" kann mit 10, aber auch mit über 200 TN problemlos gespielt werden. Deswegen eignet es sich in besonderer Weise auch für große Gruppen, z.B. zu Beginn eines Sportfestes. Alle TN werden beteiligt und erwärmt. Zugleich ist es ein freudvolles Spiel, das durch die ständigen Wechsel viel Spaß macht. Es wird allerdings auch nach einigen Malen schnell langweilig.

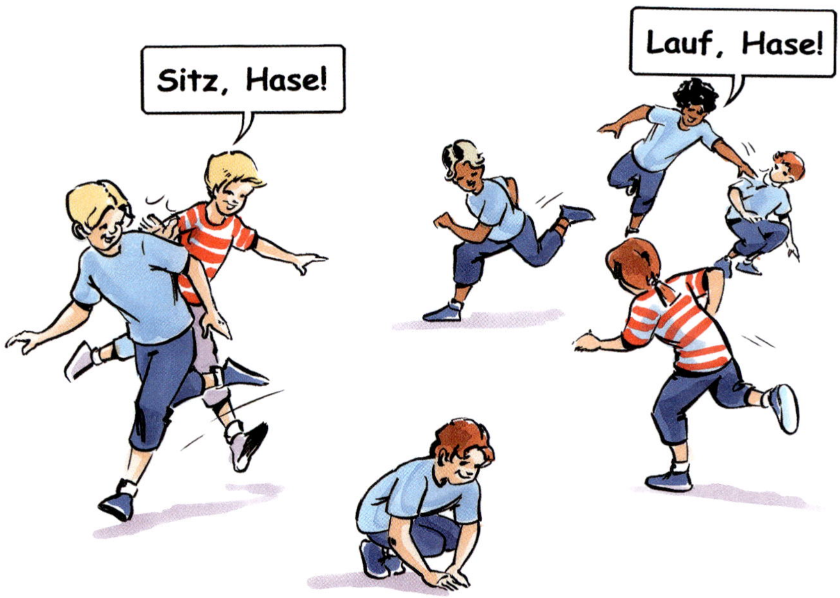

Bratkartoffel

Spielort: Halle, Sportplatz, Freigelände, Pausenhof

Material: Hemdchen oder andere Kennzeichen für die Hilfsköche, ggf. ein Weichboden als Intensivierung, ggf. eine Mütze für den Chefkoch

Spielidee und Grundregeln:
Bratkartoffel ist ein Fangspiel mit besonderer rollenspielähnlicher Inszenierung. Der Lehrer/die Lehrerin ist der Chefkoch/die Chefköchin. Sie hat je nach Anzahl der TN 3 bis 6 Hilfsköche. Alle anderen TN sind die Kartoffeln, doch diese sind in der Speisekammer „verrückt" geworden und springen und laufen umher. Die Hilfsköche müssen die Kartoffeln einfangen und diese gehen dann in die Pfanne, wo sie „gebraten" werden.

Hinweise zur Organisation, Methodik und Sicherheit:
Die Spielerläuterung und –regelung kann durchaus als Rollenspiel inszeniert werden, zum Beispiel indem der Spielleiter beginnt: „Ich bin der Chefkoch und ich suche 3 Hilfsköche ..."
Dies setzt sich in der Spielregelung fort: „Damit die Kartoffeln keine Flecken bekommen, berühren die Hilfsköche diese nur ganz vorsichtig. Die Kartoffeln, die auf diese Weise eingefangen werden, gehen (weil sie wieder ganz normal geworden sind) von selbst zum Chefkoch in die Pfanne."
Eine Pfanne kann der Hallenmittelkreis oder – wenn es anstrengender sein soll – ein Weichboden sein. Hier müssen die Kartoffeln solange im heißen Fett braten (dabei hüpfen sie, weil das Fett heiß ist, ständig mit beiden Füßen), bis sie braun sind. Der Chefkoch kontrolliert die Kartoffeln regelmäßig. Nach ca. 30 Sekunden wird die Pfanne komplett entleert. Da das Springen anstrengend ist, dürfen alle TN nun die Pfanne verlassen. Sie sind erlöst und dürfen wieder mitspielen.
Tipp: Die Hilfsköche sollten nach wenigen Minuten gewechselt werden.

Variationen:
Das Fangspiel kann auch als Wette gespielt werden: Gelingt es den Hilfsköchen, alle Kartoffeln in 1 oder 2 Minuten zu fangen?

Besondere Einsatzbereiche/Ziele/Schwerpunkte:
Insbesondere Kinder bis 12 Jahren spielen dieses Spiel sehr gerne, weil sie sich in die angebotenen Rollen gerne hinein versetzen.

Äffchen

Spielort: Halle, Sportplatz, Freigelände, Pausenhof

Material: (Soft-)Bälle als Kokosnüsse

Spielidee und Grundregeln:
Dieses Spiel wird ähnlich wie „Halbes Hähnchen" gespielt. Nur sind hier die Affen los. Sie bewerfen die anderen Affen mit Kokosnüssen (Softbälle). Bei 20 TN werden ca. 3 Kokosnüsse benötigt. Wer getroffen ist, stellt sich wie ein Äffchen auf (leicht in die Hocke, die Hände kratzen in den Achseln) und macht Geräusche wie ein Affe (z.B. „Uh! Uh!"). Gefangene Spieler können befreit werden, wenn sich ein freier Spieler entsprechend spiegelbildlich vor das Äffchen stellt.

Hinweise zur Organisation, Methodik und Sicherheit:
- Kopftreffer zählen nicht.
- Jeder TN kann werfen, sofern er eine Kokosnuss hat. Achtung: Beim Bücken nach dem Ball können Unfälle entstehen.
- Mögliche Regel: TN dürfen mit der Kokosnuss nur 3 Schritte laufen.

Variationen:
Das Spiel kann auch mit festen Fängern gespielt werden. Allerdings werden dann meist die Fänger stärker belastet und müssen ständig ihrem eigenen Ball hinterher rennen.

Halbes Hähnchen

Spielort: Halle, Sportplatz, Freigelände, Pausenhof

Material: Hemdchen oder andere Kennzeichen für die Fänger

Spielidee und Grundregeln:
Halbes Hähnchen ist ein ganz normales Fangspiel. Der Unterschied: Wer gefangen wurde, muss sich wie ein halbes Hähnchen hinstellen. Die Gefangenen stehen also auf einem Bein und winkeln einen Arm und ein Bein wie ein Hähnchen an. Jetzt können sie befreit werden, indem sich ein anderer noch nicht gefangener TN spiegelbildlich daneben stellt und für ca. drei Sekunden stehen bleibt.

Hinweise zur Organisation, Methodik und Sicherheit:
Gerade jüngere, aber auch wieder ältere TN, finden die Idee des Befreiens lustig. Durch die Form des Befreiens wird die Kooperation der TN sowie bei jüngeren TN Körperschema und Gleichgewicht gefördert.

Variationen:
Dieses Spiel kann auch als „Wette" gespielt werden: Schaffen es die Fänger in 3 Minuten, alle TN zu fangen?

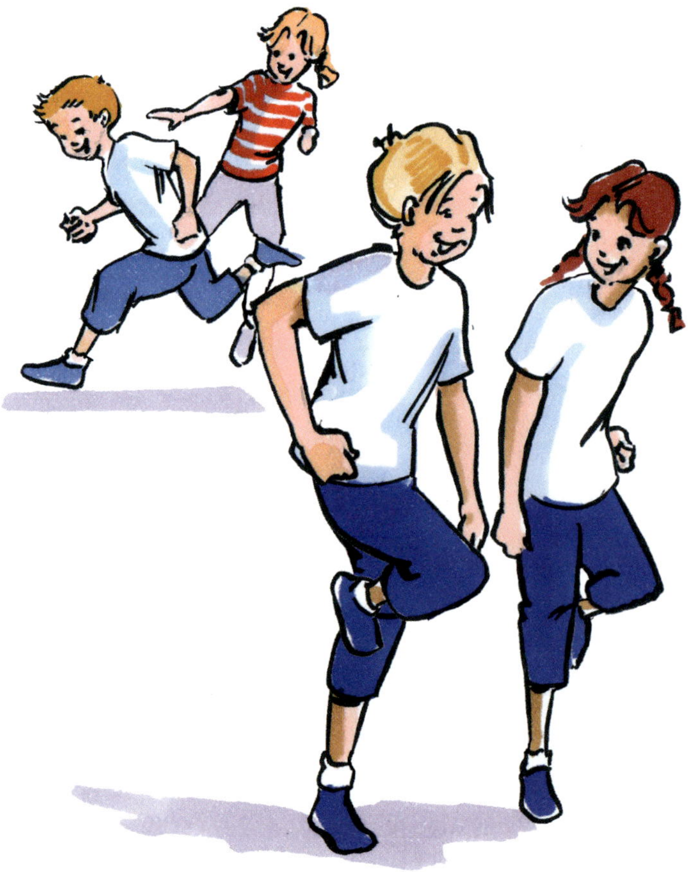

Störche und Frösche

Spielort: Halle, ggf. Pausenhof

Material: Matten oder Ähnliches

Spielidee und Grundregeln:
Die Frösche leben in ihren Teichen, die je nach Gruppengröße aus vier bis acht Matten bestehen, welche im Abstand von ca. fünf Metern wahllos auf dem Boden liegen. Die Frösche sind gesellige Tiere, weshalb sie sich gegenseitig besuchen wollen. Doch Achtung: Etwa ein Viertel bis ein Drittel der Gruppe sind Störche und lauern auf der Wiese. Sie dürfen nicht in die Teiche und versuchen, die Frösche auf ihren Wegen zwischen den Teichen zu fangen.

Hinweise zur Organisation, Methodik und Sicherheit:
Die Frösche bestimmen selbst, wie oft sie zu einem anderen Teich wechseln. Der Storch kann diese zu häufigen Wechseln verlocken, in dem er sich beispielsweise schlafend stellt.

Variationen:
Variationen der Fortbewegung:
- Die Frösche dürfen sich nur mit Froschsprüngen fortbewegen. Die Störche dürfen nur auf einem Bein springen. Das Sprungbein darf allerdings von Zeit zu Zeit gewechselt werden. Diese Regel verlangsamt das Spiel und macht es übersichtlicher.

Variationen des Fangens:
- Gefangene Frösche werden zu Störchen und die Störche zu Fröschen.
- Gefangene Frösche kommen in einen besonderen See und können dort wieder befreit werden, wenn ein freier Frosch es schafft, diese zu besuchen.
- Sind zu viele Frösche in nur einem Teich (z.B. mehr als 5), dann darf ein Storch den Teich anzählen. Bei 3 müssen alle Frösche aus dem Teich herausspringen.

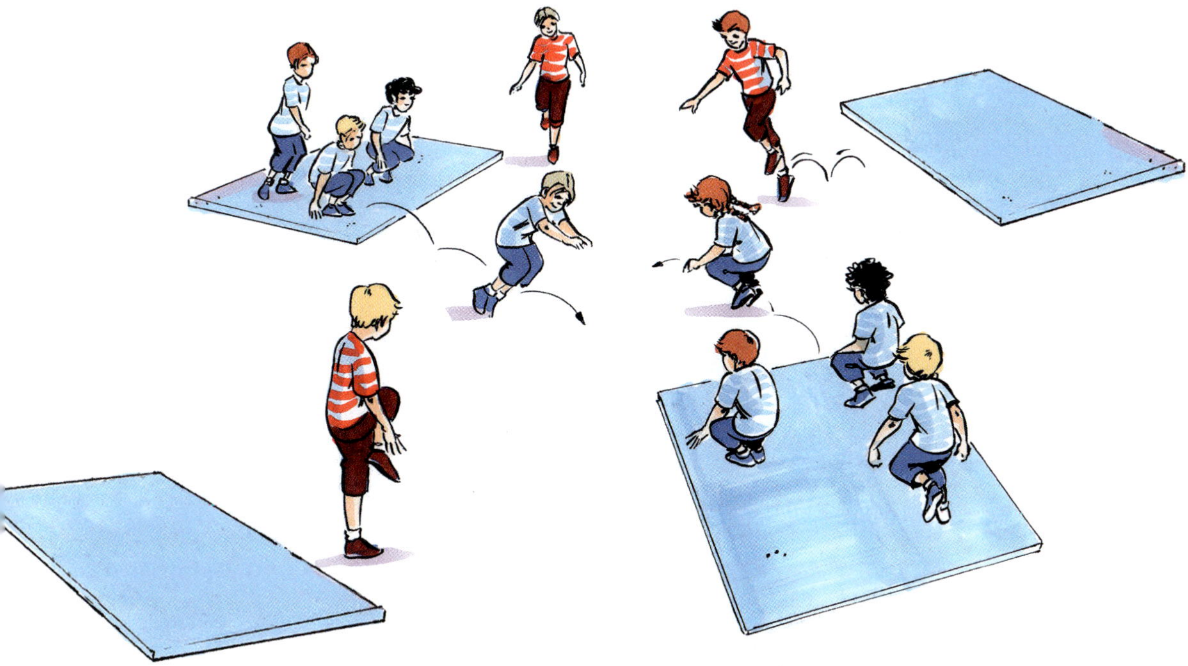

Grünes Gift (Giftmännchen, Gifthexe, Giftpilz)

Spielort: Halle, Sportplatz, Freigelände, Pausenhof

Material: kein

Spielidee und Grundregeln:
Ein TN steht in der Kreismitte und ist das Giftmännchen. Alle anderen TN müssen das Giftmännchen oder jemanden, der das Giftmännchen anfasst, berühren. Dadurch stehen alle Schüler sehr dicht beisammen. Nun erzählt das Giftmännchen eine kurze Geschichte. Wird das Wort Gift (oder je nach Variante das Wort „grünes Gift") genannt, laufen alle TN vom Giftmännchen fort und werden von diesem in den nächsten ca. 20 Sekunden gefangen. In einer neuen Runde kann das neue Giftmännchen von dem vorherigen Fänger oder von der Spielleitung bestimmt werden.

Hinweise zur Organisation, Methodik und Sicherheit:

–

Variationen:

- Das Giftmännchen fängt 3 TN. Der dritte TN wird das neue Giftmännchen.
- Gelingt es dem Giftmännchen nicht, einen TN nach 1 Minute zu fangen, bestimmt es ein neues Giftmännchen.
- Im Sinne einer Partnerunterstützung ist das Giftmännchen bei jüngeren Kindern nie allein. Immer spielen 2 Fänger. Gut bewährt hat sich „Giftmännchen und Gifthexe"; immer ein Junge und ein Mädchen sind folglich die Fänger.
- Die umherlaufenden TN lönnen einen Gefangenen durch eine entsprechende Aufgabe befreien

Zauberer / Mister X

Spielort: Halle, Sportplatz, Freigelände, Pausenhof

Material: kein

Spielidee und Grundregeln:
Das besondere dieses Fangspiels ist, dass die TN nicht wissen, wer der oder die Fänger sind. Sie müssen sich also in den ersten Augenblicken erst einmal orientieren und herausfinden, wer der oder die Fänger sein könnten.
Anfangs schließen alle TN kurz die Augen. Der Spielleiter bestimmt geheim eine ihm angemessene Anzahl von Fängern, die Zauberer. Bei Mister X stehen am besten alle TN im Kreis mit dem Rücken nach innen. Die Spielleitung zeichnet als Merkmal ein großes X auf den Rücken. Nachdem die Fänger bestimmt sind, öffnen alle TN wieder die Augen und auf ein Signal des Spielleiters beginnt das Spiel.
Weitere Regeln können dieses Fangspiel näher gestalten. Als sinnvoll hat es sich erwiesen, dass die Berührung eines Zauberers den Weglaufenden breitbeinig erstarren lässt. Eine Befreiung kann durch Durchrutschen der noch freien TN erfolgen.

Hinweise zur Organisation, Methodik und Sicherheit:
Da die Besonderheit des Spiels die unbekannten Fänger sind, sollte nach 1 bis 2 Minuten der Durchgang beendet werden. Meist sind dann alle TN über die Fänger orientiert. Den TN bereitet es oft große Freude, das Spiel zu „lesen" und zu überlegen, wer der Fänger sein könnte. Auch entwickeln die Fänger oft interessante Strategien, indem sie beispielsweise möglichst schnell fangen und den Überraschungseffekt nutzen oder zunächst so tun, als ob sie keine Zauberer wären.

Variationen:

- Zusätzliche „Erlöser" können das Spiel bereichern. Bei Mister X werden diese anfangs mit einem Kreis auf dem Rücken gekennzeichnet.
- Die „Erlöser" können entweder NICHT oder AUCH gefangen werden. Wenn sie auch gefangen werden können, entwickeln diese ebenfalls Strategien, um möglichst nicht erkannt zu werden.

Die Löwen sind los!

Spielort: Halle, Sportplatz, Freigelände, Pausenhof

Material: kein

Spielidee und Grundregeln:
Es werden zunächst zwei TN der Lerngruppe als „Löwen“ bestimmt, die sich in der Savanne (auf der einen Seite der Halle/der Spielfläche) auf allen Vieren aufhalten. Alle anderen Schüler sind Afrika-Touristen, die sich ganz nah an die Löwen heranwagen, um sie z. B. zu fotografieren, zu filmen oder vielleicht sogar zu streicheln.
Wenn nun der Spielleiter laut „Die Löwen sind los!“ ruft, müssen sich alle Touristen so schnell wie möglich in Sicherheit bringen, indem sie – ohne von den Löwen erwischt zu werden – bis zur anderen Hallenseite rennen. Alle Touristen, die von den Löwen gefangen wurden, gehören beim nächsten Durchgang zur Gruppe der Löwen. Gespielt wird, bis nur noch drei Touristen vorhanden sind.
Hinweis: Die Löwen dürfen beim Fangen wieder auf zwei Beinen laufen.

Hinweise zur Organisation, Methodik und Sicherheit:

–

Variationen:
Die Löwen bestimmen vorher einen unter ihnen, der ein Signal, z.B. „Fressenszeit!“ ruft.

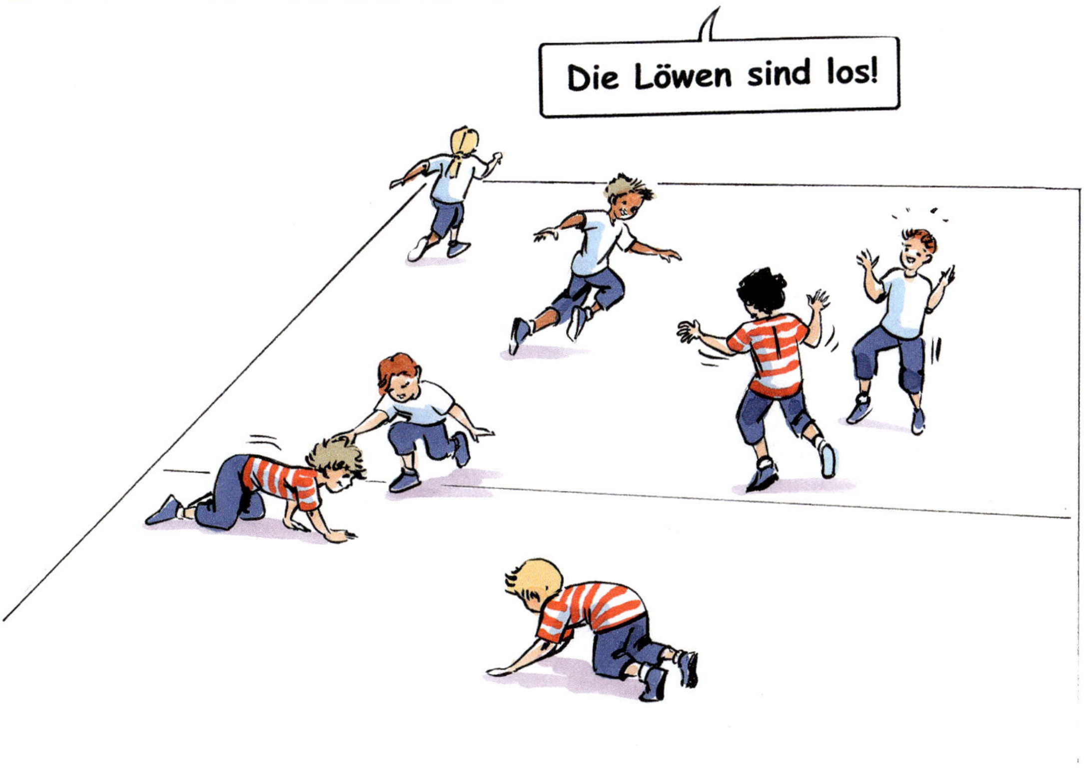

Körperteile fangen (Pflasterfangen)

Spielort: Halle, Sportplatz, Freigelände, Pausenhof

Material: kein, ggf. Kennzeichen für Fänger

Spielidee und Grundregeln:
Je nach Gruppengröße und Spielvariation werden ein bis vier TN als Fänger bestimmt. Diese versuchen die anderen TN zu fangen, indem sie sie an einem Körperteil berühren. Wird ein TN vom Fänger berührt, muss dieser eine Hand auf das, vom Fänger berührte Körperteil, legen und mit diesem Handicap weiterspielen. Wird ein TN ein zweites Mal gefangen, wird die zweite Hand auf diese Stelle gelegt. Erst wenn der TN ein drittes Mal gefangen wurde, ist er endgültig gefangen.

Hinweise zur Organisation, Methodik und Sicherheit:
Da jeder TN dreimal gefangen werden muss, dauert dieses Fangspiel deutlich länger als andere. Es sollte darauf geachtet werden, dass die Fänger wechseln, oder dass diese in der Lage sind, eine längere Belastung einzugehen.

Variationen:
- Beim dritten Fangen tauscht der Gefangene die Rolle mit dem Fänger.
- Beim dritten Fangen hilft der Gefangene den anderen Fängern, bis alle gefangen sind.
- Als Abschlussspiel: Spieler, die drei Mal gefangen wurden, gehen in die Umkleide.

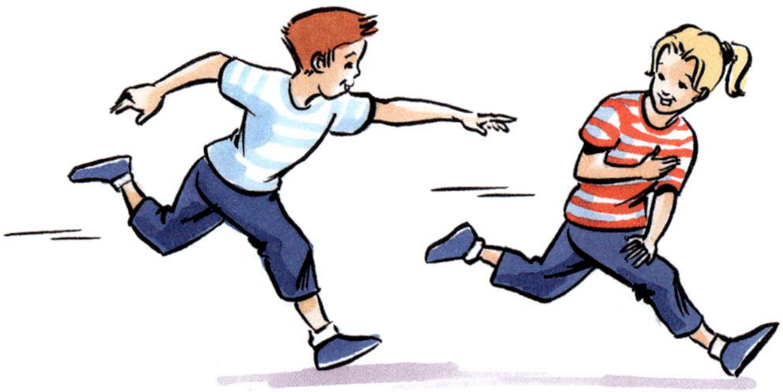

Affentheater (Zoobesuch)

Spielort: Halle, Sportplatz, Freigelände, Pausenhof

Material: kein

Spielidee und Grundregeln:
Ein TN wird ausgewählt und spielt den Affen. Der Affe ist im Zoo und macht witzige Übungen, Gymnastik oder tanzt. Die anderen TN stellen sich ca. zwei Meter vom Affen entfernt auf und machen die Übungen nach. Wenn der Affe seine beiden Hände auf den Boden legt, ist dies das Zeichen, dass er ausbricht. Sobald dies geschieht, müssen die anderen TN vor dem Affen bis zur gegenüberliegenden Hallenwand/ Spielfeldbegrenzung weglaufen. Fängt der Affe ein anderes Kind, wird es ebenfalls zum Affen. Jetzt bestimmt der erste Affe einen anderen Affen, der neue Übungen vormacht. Affen und Zuschauer machen stets mit.

Hinweise zur Organisation, Methodik und Sicherheit:

–

Variationen:

Das Spiel kann auch mit zwei Mannschaften gespielt werden, zum Beispiel Gorillas und Schimpansen. Abwechselnd machen die jeweiligen Affenarten Übungen vor und versuchen die anderen zu fangen. Gefangene Affen müssen die Mannschaft wechseln.

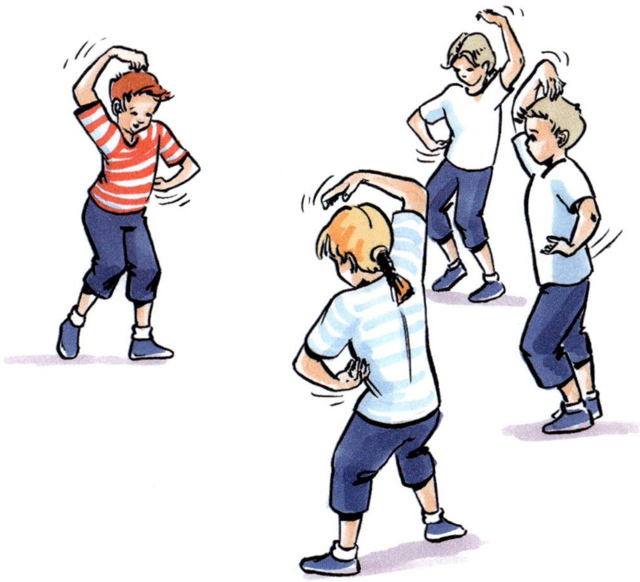

Zug fahren / Henne und Habicht / Schlangenfangen

Spielort: Halle, Sportplatz, Freigelände, Pausenhof

Material: kein

Spielidee und Grundregeln:
Die Lerngruppe bildet Dreiergruppen. Jede Gruppe wird zum fahrenden Zug: Die Hände werden auf die Schultern der Vorderen gelegt, sodass die Lok mit ihren Waggons losfahren kann. Einige Schüler sind freie Waggons (Fänger) und versuchen, sich an das Ende eines beliebigen Zuges anzukoppeln. Das versuchen die Züge allerdings durch geschicktes Drehen und Wenden zu verhindern. Gelingt das Ankoppeln, wird der/die Vorderste des Zuges zum neuen Fänger.

Hinweise zur Organisation, Methodik und Sicherheit:

–

Variationen:

Henne und Habicht

Dieses Spiel ist dem „Zug fahren" sehr ähnlich. Eine Henne beschützt ihre Küken, die sich hinter ihr in einer Reihe festhalten. Ein Habicht versucht nun das hintere Küken zu erwischen. In der Regel besteht eine Hühnerfamilie aus vier bis sechs Tieren.

Schlangenfangen

Ein ganz ähnliches Spiel wie die beiden zuvor genannten: Hier versucht aber der Kopf der Schlange, ihren Schwanz zu fangen. Hierfür sollte die Schlange aus mindestens 7 TN bestehen.

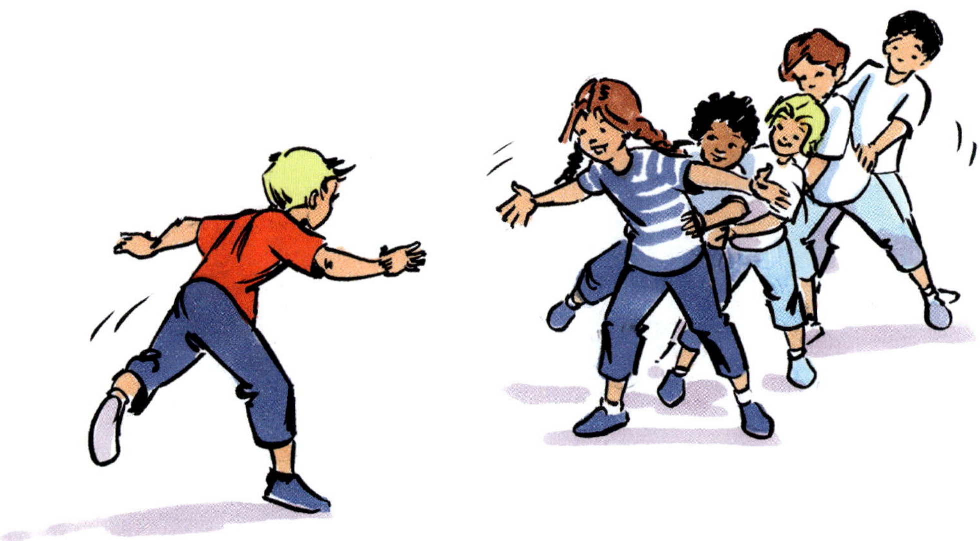

Entenmutter

Spielort: Halle, Sportplatz, Freigelände, Pausenhof

Material: kein

Spielidee und Grundregeln:
1 Entenmutter, 1 Wolf, alle anderen TN sind die Entchen/Küken. Die Entchen stehen auf einer Hallenseite, die Entenmutter auf der gegenüberliegenden Seite. Der Fuchs steht auf Höhe der Hallen- bzw. Spielfeldmitte an der Seite.
Die Entenmutter ruft: „Meine Entchen kommt zu mir!"
Entchen: „Wir können nicht!"
Entenmutter: „Warum denn nicht?"
Entchen: „Weil da der Fuchs ist!" (zeigen in die Richtung des Fuchses)
Entenmutter: „Dann lauft ganz schnell!"
Die Entchen laufen los und der Fuchs versucht, diese zu erhaschen. Gefangene Entchen werden zu Füchsen.

Hinweise zur Organisation, Methodik und Sicherheit:

–

Variationen:

- Nach dem ersten Fangen sind die Entchen verletzt: Die Flügel sind gebrochen, deshalb müssen sie die Arme vor dem Körper verschränken, dürfen aber weiterhin mitspielen, bis sie ein zweites Mal gefangen werden.
- Die Entenmutter versucht ihre Küken zu beschützen, indem sie den Fuchs verwirrt. Sie darf auf ihn zu laufen, mit ihm reden, ihn beim Fangen stören usw.
- Mehrere Füchse gehen auf die Jagd.

Zahlenfangen / Namenfangen / Monatsfangen / Farbenfangen / Tierfangen

Spielort: Halle, Sportplatz, Freigelände, ggf. Pausenhof

Material: kein

Spielidee und Grundregeln:
Um in kurzer Zeit alle TN zu aktivieren und sowohl als Fänger und Läufer spielen zu lassen, eignet sich Zahlenfangen wie auch dessen Variationen sehr gut. Die TN werden kurz abgezählt, z.B. bis zur Zahl 6. Der Spielleiter bestimmt eine Zahl. Alle TN mit dieser Zahl beginnen zu fangen. Bei Pfiff nennt der Spielleiter eine andere Zahl und nun müssen diese TN fangen.

Hinweise zur Organisation, Methodik und Sicherheit:
Interessant und intensiv wird dieses Spiel, wenn jede Tier- oder Zahlengruppe genau eine Minute lang fängt und jeweils gezählt wird, wie viele TN gefangen wurden.

Variationen:

- Tierfangen: Alle TN werden in Tiergruppen unterteilt.
- Namenfangen: Der Spielleiter ruft einfach schnell Namen, die fangen müssen.
- Monatsfangen: Alle TN, die in einem bestimmten Monat geboren sind, müssen fangen.
- Farbenfangen: Alle TN, die eine bestimmte Farbe in ihrer Kleidung aufweisen, werden zu Fängern.

Monsterschatz

Spielort: Halle, Sportplatz, Freigelände, ggf. Pausenhof

Material: Muggelsteine oder Ähnliches, Weichboden oder ein anderer „Monsterkäfig“, Pappkarton oder kleiner Kasten

Spielidee und Grundregeln:
Eine Gruppe von Abenteurern will Edelsteine (Muggelsteine, Kieselsteine) von einer Insel holen. Der Weg führt aber an einem Monster vorbei. Dieses versucht die erbeuteten Edelsteine einzusammeln oder die Abenteurer in Monster zu verwandeln. Das Ziel der Abenteurer ist es, so viele Edelsteine wie möglich zu erbeuten. Oder gibt es am Ende nur noch Monster?

Hinweise zur Organisation, Methodik und Sicherheit:

In der Mitte der Spielfläche liegt ein Weichboden, daneben ein Pappkarton, z. B. Schuhkarton. Am Anfang und Ende der Spielfläche stehen ebenfalls kleine Kästen oder Pappkartons/Schuhkartons, einer davon ist mit ca. 30–50 Edelsteinen (Muggelsteine/Kieselsteine oder Ähnlichem) gefüllt.
Die TN (Abenteurer) stehen auf der Hallenseite mit dem leeren Karton. Wenn das Monster laut und schrecklich brüllt, können sie auf die andere Seite rennen, müssen aber den Monsterkäfig (ein Weichboden, auf dem das Monster/ein TN sitzt) ein Mal mit der Handfläche berühren. Wer dabei vom Monster berührt wird, wird ebenfalls zum Monster. Wer es schafft, gelangt zum Schatz und darf sich einen Edelstein nehmen. Auf dem Rückweg geht es wieder am Monster vorbei. Auch dieses Mal müssen die TN den Monsterkäfig berühren. Wer diesmal erwischt wird, muss seinen Edelstein in den Karton des Monsters legen – darf aber weiterhin als Abenteurer sein Glück versuchen. Das Monster darf den Weichboden nicht verlassen und darf sich nur auf allen Vieren bewegen.

Variationen:

- Die Abenteurer dürfen mehr als 1 Edelstein holen.
- Die Abenteurer müssen mit beiden Händen den Monsterkäfig berühren.
- Der Monsterkäfig muss durchquert werden (z.B. im Pausenhof eine Markierung).
- Mehrere Monster werden bestimmt, diese haben die Augen verbunden. Die Abenteurer werden nicht mehr zu Monstern, sondern zu Zauberbäumen, die feststehend versuchen die Abenteurer zu erhaschen.

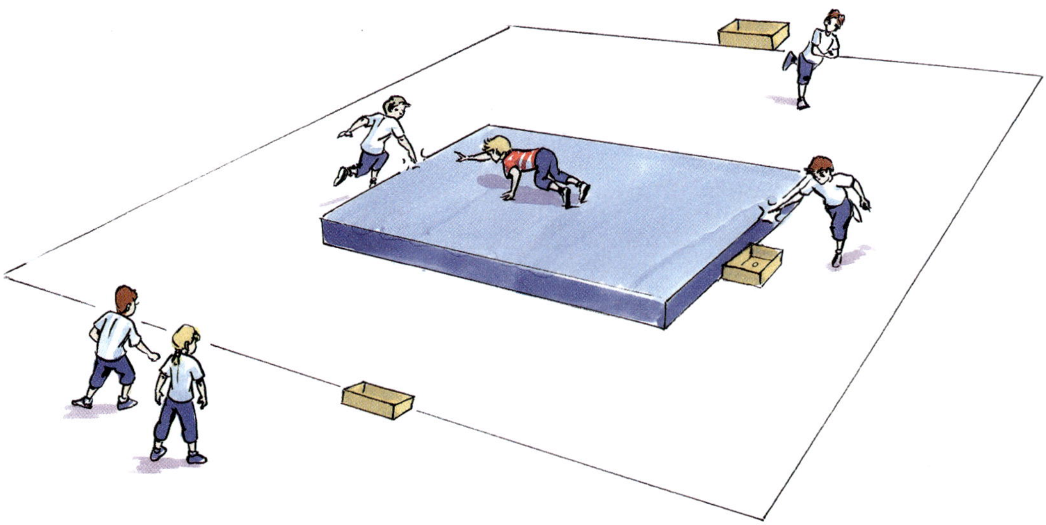

Fuchs und Gans

Spielort: Halle, Sportplatz, Freigelände, Pausenhof

Material: Gymnastikreifen oder Fahrradreifen, Markierungen für Fänger

Spielidee und Grundregeln:
Auf dem Boden werden einige Reifen verteilt. Diese sind die Nester der Gänse. Die Gänse können sich in den Nestern vor den Füchsen (= Fänger) verstecken. Die Gänse können in den Nestern also nicht gefangen werden. Doch Achtung: In jedes Nest darf nur eine Gans. Zudem muss die Gans das Nest verlassen, wenn eine andere Gans hinein will. Diese kann dann auch sofort von den Füchsen gefangen werden. Eine Gans darf nicht zweimal hintereinander in das gleiche Nest flüchten. Fängt ein Fuchs eine Gans, tauschen sie die Rollen.

Hinweise zur Organisation, Methodik und Sicherheit:
Die TN sollten darauf hingewiesen werden, dass die Gymnastikreifen auf dem Hallenboden wegrutschen können. Fahrradreifen rutschen weniger, liegen aber nicht so plan auf. Kennen die TN die „Gefahr", gibt es eigentlich keine Probleme.
Je nach Lerngruppe sollten Verhaltensregeln zum Wechsel in den Nestern besprochen werden.

Variationen:
Über die Anzahl der Reifen lässt sich die Intensität und die Anzahl der Fängerwechsel steuern. Anfangs sollte eher mit mehr Reifen gespielt werden. Hierbei sind bei 20 TN ca. 5 Reifen zu empfehlen.

Lehrende aus Schule und Verein berichten häufig, dass ihren TN die Körperspannung fehle. Mittelkörperspannung ist aber eine wichtige Voraussetzung für turnerische Übungen, für Sprünge und Sprints sowie für viele Sportspiele. Lehrende sollten bedenken, dass zu Beginn des Unterrichts nicht nur das Herz-Kreislaufsystem angeregt werden muss, sondern auch die Haltemuskulatur im Rumpfbereich aktiviert werden sollte. Warum also nicht ab und an Spiele spielen, die Anforderungen an die Körperspannung stellen und zugleich für eine allgemeine Erwärmung sorgen? Nachfolgend werden einige Spiele vorgestellt, die dies auf spielerische Weise umsetzen und zugleich gut am Anfang des Unterrichts eingesetzt werden können.

Schildkröten drehen

Spielort: Halle, ggf. trockener Sportplatz

Material: kein

Spielidee und Grundregeln:
Die TN sind Schildkröten und krabbeln auf allen Vieren in der Mitte der Halle. Doch Achtung: Die Schildkrötenjäger kommen. Sie versuchen die Schildkröten auf den Rücken zu drehen. Die Schildkröten können sich auf den Boden legen und versuchen durch eine gute Mittelkörperspannung dies zu verhindern.

Hinweise zur Organisation, Methodik und Sicherheit:
Sinnvoll ist es, am Anfang mindestens zwei Schildkrötenjäger zu bestimmen.
Kitzeln, Kratzen, Beißen oder andere Gemeinheiten sind selbstverständlich nicht erlaubt. Die Schildkrötenjäger dürfen zusammen arbeiten.
Auch kann durch eine Rahmenhandlung in Form einer Geschichte in das Spiel eingeführt werden: „Auf der Insel Kikikakadu, mitten im indischen Ozean, ist heute was los ...“ (Döhring-Krieb & Biel, 2009, 34).

Variationen:
Dieses Spiel kann gut zu Beginn des Unterrichts gespielt werden, um die Körperspannung zum Beispiel für turnerischen Unterricht aufzubauen. Die Schildkröten können auch alle auf einer Seite sein. Nun müssen sie versuchen, das Meer (blaue Weichböden) auf der anderen zu erreichen. Die Jäger versuchen dies zu verhindern.
Ebenso kann das Spiel auch sehr gut am Ende gespielt werden: Gedrehte Schildkröten helfen den Fängern, bis alle Schildkröten gefangen sind, oder gedrehte Schildkröten gehen sich umziehen (Damit dies auch funktioniert, sollten ca. 1/5 der TN dann Schildkrötenjäger sein.).

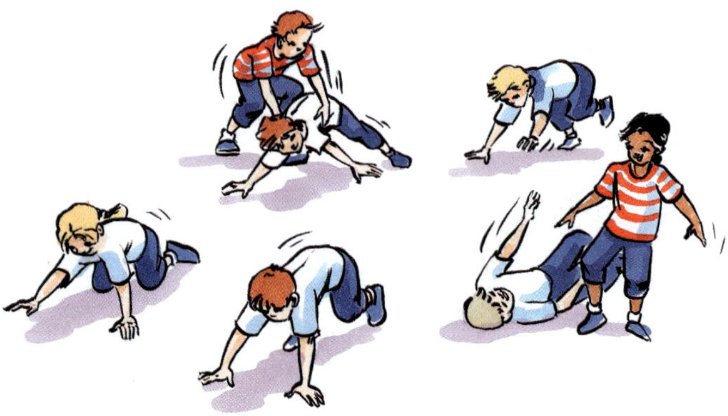

Spinnenkampf

Spielort: Halle, ggf. trockener Rasenplatz

Material: kein, ggf. Spielfeldbegrenzung

Spielidee und Grundregeln:
Alle TN sind Spinnen, die sich auf allen Vieren rücklings im Spinnengang bewegen. Die Spinnen treffen sich im Spinnennetz, einer klar umgrenzten, relativ kleinen Spielfläche, z.B. in der Mitte der Halle. Nun beginnt der Spinnenkampf und die Spinnen versuchen sich gegenseitig die Beine oder Arme wegzuziehen, sodass der Po den Boden berührt.

Hinweise zur Organisation, Methodik und Sicherheit:

- Innerhalb des Spielfeldes dürfen die Spinnen schnell wegkrabbeln und einem Gegner ausweichen. Das Feld dürfen sie nicht verlassen.
- Die Spinnen dürfen sich nur an den Beinen und Armen ziehen, andere Körperteile sind tabu.
- Mehrere Spinnen dürfen gleichzeitig an einer Spinne ziehen.
- Auch zum Ausruhen dürfen die TN ihren Po nicht auf den Boden setzen.

Variationen:

- Besiegte Spinnen scheiden aus (z.B. am Stundenende) und verlassen das Spinnennetz oder gehen sich umziehen.
- Besiegte Spinnen bleiben im Spinnennetz sitzen und sind Hindernisse, die die anderen umkrabbeln müssen.
- Besiegte Spinnen müssen außerhalb des Spinnennetzes eine (entlastende) Aufgabe lösen, z.B. eine Runde laufen oder 3 Rollen vorwärts machen und können dann wieder mitspielen.

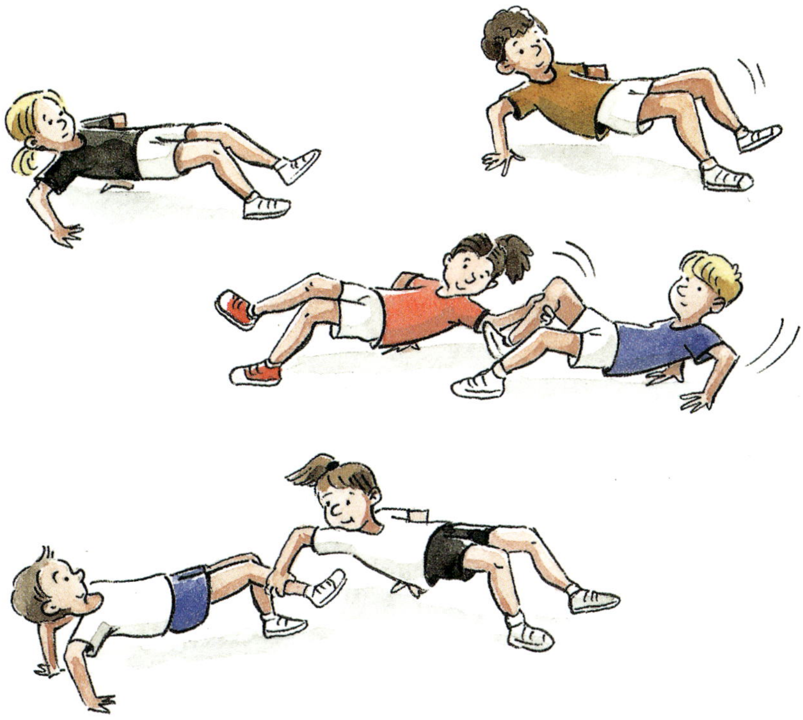

Zieh- und Schiebespiele

Spielort: Halle, Sportplatz, Freigelände, Pausenhof

Material: kein

Spielidee und Grundregeln:
Zieh- und Schiebespiele in Partnerarbeit sind ein Spiel um Kraft, Gleichgewicht, Finten und Kontrolle. Sie können komparativ, aber auch kooperativ ausgelegt werden. Dabei drücken, ziehen, schieben oder laufen die TN mit- oder gegeneinander. Zieh- und Schiebespiele sollten aber immer spielerisch und freudvoll angelegt sein. Sie sind sehr gut geeignet, TN mal auf andere Weise aufzuwärmen und die Mittelkörperspannung aufzubauen.

Hinweise zur Organisation, Methodik und Sicherheit:
Die TN gehen zu zweit zusammen. Auf Kommando der Spielleitung ziehen oder schieben sie sich ca. 1 Min. lang. Nach dem jeweils ersten Versuch geben sich die Paare selbst ein Startsignal. Je nach Übung sollten die Partner etwa gleichstark oder gleichgroß sein. Partnerwechsel erhöhen auch hier die Motivation.

Variationen:

a) Die Partner geben sich die Hände und versuchen, den anderen zu sich über eine Linie zu ziehen (links-, rechts-, beidhändig).

b) Die Partner legen die Hände aneinander und versuchen, den anderen wegzuschieben.

c) Ganz ähnlich wie b), jetzt haben die TN allerdings die Füße geschlossen und versuchen, den Partner aus dem Gleichgewicht zu bringen (zusätzlich können auch die Augen geschlossen werden).

d) Die Partner stellen sich Rücken an Rücken und versuchen, den anderen wegzuschieben.

e) Die Partner setzen sich Rücken an Rücken und versuchen, den anderen wegzuschieben (nur in der Halle oder auf einem trockenen und sauberen Boden)

f) Die Partner stellen sich Rücken an Rücken und versuchen, sich so an den anderen zu lehnen, dass sie stehen als würden sie auf einem Stuhl sitzen (Kniewinkel 90 Grad). Nun gehen die Partner gemeinsam vorwärts, rückwärts, seitwärts.

g) Hahnenkampf: Die Partner stehen auf einem Bein, verschränken die Arme vor der Brust und versuchen, den anderen so aus dem Gleichgewicht zu bringen, dass das zweite Bein den Boden berührt.

h) Linienkampf: Die Partner stehen beide auf einer Linie, greifen sich auf die Schultern und versuchen, den anderen von der Linie zu schieben, ziehen oder fintieren.

i) Die Partner drücken über Kopf die Hände zusammen und versuchen, so weit auseinander zu gehen, wie sie können (miteinander statt gegeneinander).

j) Die Partner stellen sich hintereinander. Der Hintere hält den Vorderen an der Hüfte fest. Der Vordere versucht nun mit schnellen, kleinen Schritten wegzulaufen, der Hintere geht leicht mit (ggf. ein Seil nutzen).

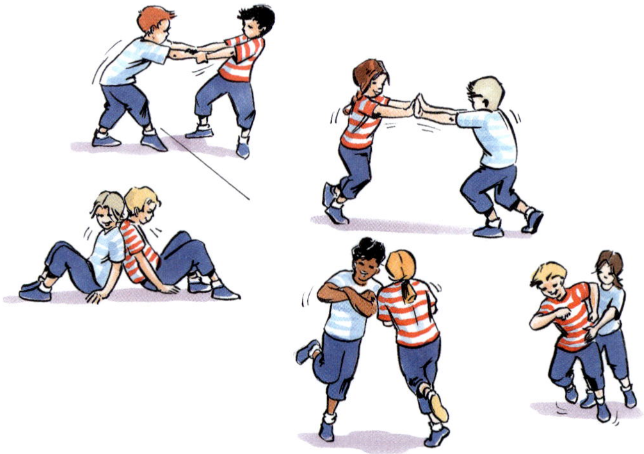

Brückenfangen

Spielort: Halle, ggf. Sportplatz, Freigelände

Material: kein

Spielidee und Grundregeln:
Eigentlich kann jedes Fangspiel – wie beispielsweise Tippfinger – mit Brückenbefreiung gespielt werden. Gefangene TN stellen sich dann rücklings im Vierfüßlerstand auf Füße und Hände (wie eine Spinne oder Brücke) und können befreit werden, indem ein anderer TN durch diese Brücke rutscht.

Hinweise zur Organisation, Methodik und Sicherheit:
–

Variationen:
Die TN können statt in den Vierfüßlerstand rückwärts auch in den Liegestütz gehen und so befreit werden.

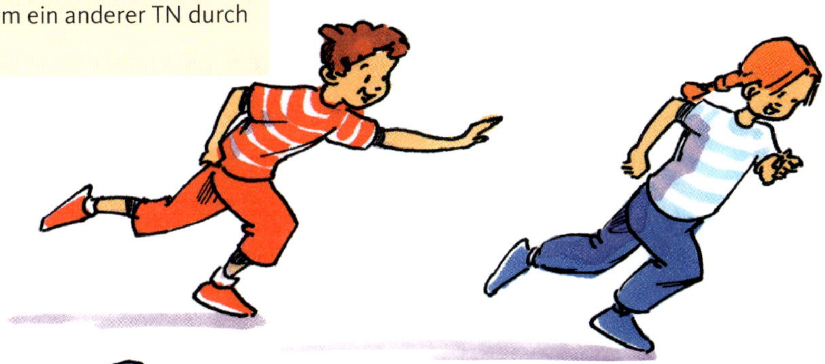

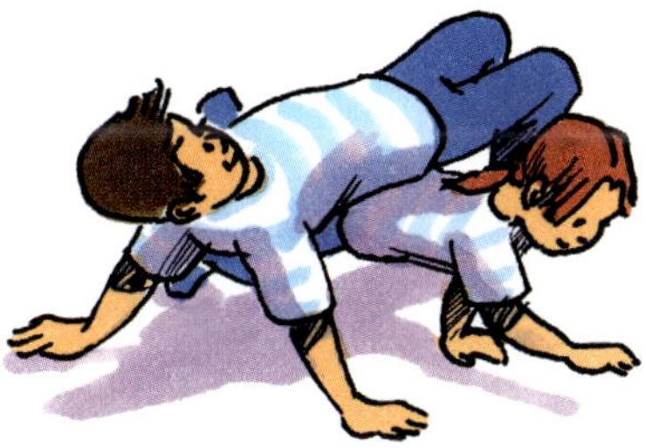

Reifenstecher

Spielort: Halle, Sportplatz, Freigelände, Pausenhof

Material: kein

Spielidee und Grundregeln:
Alle TN sind Autoreifen. Die Fänger sind die Reifenstecher. Wer gefangen wird, verliert langsam die Luft, wird immer weicher, geht in die Knie und legt sich letztendlich hin (im Freien gegebenenfalls nur hinhocken). Andere TN können den „platten Reifen" wieder aufpumpen. Stück für Stück pumpen sie den Reifen auf, der dabei immer mehr Spannung bekommt, bis er prall gefüllt ist und wieder laufen kann. Beim Aufpumpen darf ein TN nicht gefangen werden.

Hinweise zur Organisation, Methodik und Sicherheit:
–

Variationen:
Versteinern
Auch dieses Fangspiel thematisiert spielerisch die Körperspannung. Wer gefangen wird, wird sofort versteinert und muss so stehen bleiben.

Spiele zum Stundenbeginn, aus denen Gruppen oder Mannschaften hervorgehen

Oft werden im Hauptteil des Sportunterrichts Gruppen für Stationenarbeiten oder Mannschaften für Spiele benötigt. In solchen Fällen sollte überlegt werden, ob Spiele, aus denen Gruppen oder Mannschaften hervorgehen, den organisatorischen Ablauf erleichtern können.
Sicherlich haben solche Spiele auch Nachteile, da Gruppen und Mannschaften in der Regel zufällig entstehen und für den Hauptteil übernommen werden. Manchmal ist diese spielerische Gruppen- und Mannschaftsbildung jedoch von Vorteil, da die TN vor dem Hauptteil zumindest für kurze Zeit schon zusammen gearbeitet oder gespielt haben und so leichter akzeptieren, dass sie in einer Mannschaft sind.

Selbstverständlich können auch viele andere Spiele mit etwas Geschick in Gruppen oder Mannschaften münden. Beispielsweise können Spiele wie „Jeder ist Jäger" (siehe Spiele mit Bällen) oder auch „Broccoli" (siehe Spiele, die wach machen – Reaktionsspiele) Stück für Stück so aufgebaut werden, dass am Ende Gruppen für den nachfolgenden Unterricht entstehen. Hierfür wird zum Beispiel „Jeder ist Jäger" zunächst in seiner Grundform gespielt, bei der alle TN einzeln abwerfen, abgeworfen werden und befreien dürfen. Dann sucht sich jeder einen Partner. Die Spieler fassen sich paarweise an den Händen und spielen als Paar „Jeder ist Jäger!" Im dritten Schritt suchen sich die Paare wieder ein Paar und spielen zu viert.

Atomspiel

Spielort: Halle, Sportplatz, Freigelände, Pausenhof

Material: kein, ggf. Matten

Spielidee und Grundregeln:
Die TN bewegen sich frei im Raum zur Musik. Bei Musikstopp stellt der Spielleiter den TN Aufgaben. Diese sollen schnellstmöglich erfüllt werden. Aufgaben können folgendermaßen lauten:
„Findet euch zu dritt zusammen und legt euch aufeinander!"
„Alle mit der gleichen Haarfarbe gehen zusammen und überlegen sich ein gemeinsames Hobby!"
„Findet euch paarweise zusammen, fasst euch an den Händen und stellt euch auf ein Bein!"
Die Aufgaben können nach eigenem Belieben variiert werden und den kognitiven sowie den körperlichen Leistungen der TN angepasst werden. Auch können die TN kreativ tätig werden, indem man u. a. folgende Aufgaben stellt:
„Alle mit der gleichen T-Shirt-Farbe gehen zusammen und bauen ein Haus!"
„Findet euch zu viert zusammen und positioniert euch so, dass drei Beine und zwei Hände den Boden berühren!" (oder 4 Hände und 2 Beine usw.).

Hinweise zur Organisation, Methodik und Sicherheit:
Dieses Spiel kann vor allem gut genutzt werden, um nach einigen Durchgängen Gruppen zu bilden, die für den weiteren Unterrichtsverlauf genutzt werden.

Variationen:

-

Fastfood (McDonald's)

Spielort: Halle, ggf. trockener Pausenhof, trockene Rasenfläche

Material: kein

Spielidee und Grundregeln:
Die TN laufen (ggf. zur Musik) durcheinander. Verschiedene Signale aus dem Bereich Fastfood, die der Spielleiter ruft, sollen möglichst schnell umgesetzt werden und führen zu lustigen Gemeinschafts- und Körpererfahrungen:

- Hamburger = zwei TN legen sich übereinander,
- Big Mac = drei TN legen sich übereinander,
- Doppel-Whopper: vier TN legen sich übereinander,
- Pommes = sechs (ggf. auch acht) TN legen sich kreuz und quer durcheinander oder sie finden sich als Gruppe, fassen sich an den Händen und strecken diese als Pommestüte in die Höhe,
- Chicken McNuggets = sechs TN hocken sich auf den Boden,
- Milchshake = ein TN stellt ein Glas dar (Arme vor der Brust zum Kreis geformt) und ein weiterer TN spielt den Strohhalm (dreht sich im Kreis).

Weitere oder andere Ideen können von den TN aufgegriffen werden.

Hinweise zur Organisation, Methodik und Sicherheit:
Das Spiel kann beendet werden, wenn z.B. jeweils sechs TN in einer Gruppe ein Signal umsetzen. Die so gebildeten Gruppen können im Anschluss für Gruppen- oder Stationsarbeiten bzw. Mannschaften genutzt werden.

Variationen:

- Die Gruppe, die als erstes ein Signal umsetzt, darf das nächste Signal bestimmen (z.B. dem Spielleiter ins Ohr flüstern oder selbst rufen).
- Als Abschlussspiel: Die letzte, erste, zweite oder dritte Gruppe, die ein Signal umsetzt, „scheidet" aus und darf sich umziehen gehen.

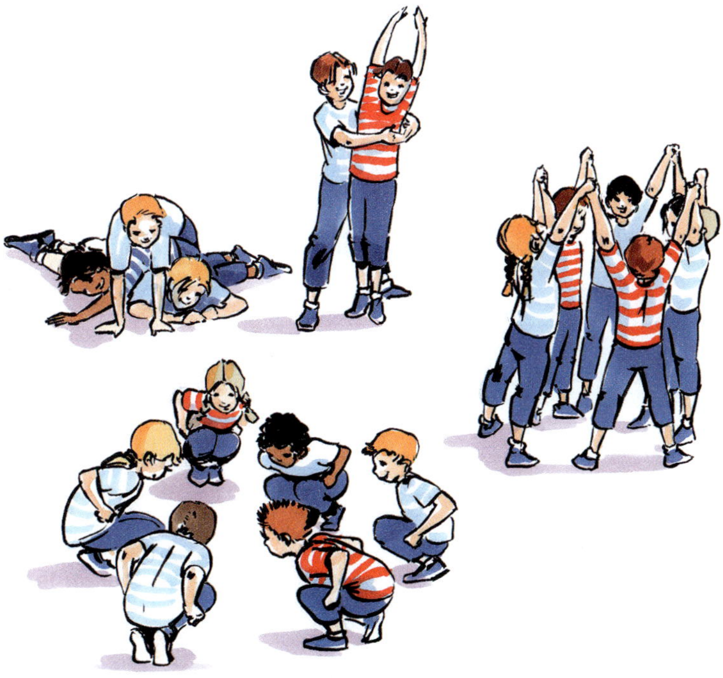

Dreiertipp

Spielort: Halle, Sportplatz, Freigelände, Pausenhof

Material: aufblasbare große Plastikfinger (meist Fanartikel) oder kurzer Isolierschlauch aus Schaumstoff (auf ca. 30 bis 50 cm gekürzt)

Spielidee und Grundregeln:
Drei bis sechs TN sind Fänger. Alle anderen gehen jeweils zu dritt zusammen und fassen sich an den Händen, sodass einer der drei in der Mitte steht. Nur dieser darf von den Fängern angetippt also gefangen werden. Die beiden anderen versuchen dies, durch geschickte Bewegungen zu verhindern.

Hinweise zur Organisation, Methodik und Sicherheit:
Das Spiel benötigt in der Regel viele Fänger. Auch macht es Sinn, den Fängern eine Hilfe wie einen großen Tippfinger oder einen kurzen Schaumstoffschlauch zu geben, damit sie den dritten Mitspieler überhaupt erreichen können.
Zum Aufwärmen haben sich einfache Regeln bewährt, wie:

- Wenn der Fänger erfolgreich war, darf er mit einem der 3 anderen die Rolle tauschen.
- Wenn der Fänger erfolgreich war, muss jemand anderes in die Mitte. Der Fänger fängt weiter, bis der Spielleiter einen Fängerwechsel ankündigt.

Variationen:
–

Familie Meier / Tierfamilien

Spielort: Halle, Sportplatz, Freigelände, Pausenhof

Material: kein, ggf. Bänke

Spielidee und Grundregeln:
Die TN werden mittels Spielkarten in Familien eingeteilt, müssen sich finden und in einer vorgegebenen Weise setzen oder stellen. Im zweiten Abschnitt kann ein einfaches Staffelspiel anschließen.

Hinweise zur Organisation, Methodik und Sicherheit:
Die Karten sollten altergemäß angelegt sein. Tierfamilien können u. a. sein: Elefanten, Löwen, Affen, Krokodile, Schlangen – aber auch Gorillas, Orang-Utans, Schimpansen, Makaken. Die TN müssen sich pantomimisch oder nur durch Rufen finden. Auch Familiennamen wie Meier, Meyer, Maier und Mayr sind möglich. Jede Familie wird je nach Anzahl der TN nochmals unterteilt in Mutter, Vater, Kinder, Oma, Opa usw.

Variationen:

- Die TN setzen sich in einer vorgegebenen Reihenfolge auf Bänke oder stellen sich hinter Hütchen. Die Familie, die als erstes sitzt, hat die erste Runde gewonnen.
- Der Spielleiter erzählt eine Geschichte, bei der die einzelnen Mitglieder der Familien genannt werden und vorgegebene Aufgaben (z.B. eine Runde um die Bänke laufen) möglichst schnell bewältigen müssen.
  Beispiel: „Familie Meier fährt heut in den Zoo (Alle laufen eine Runde). Mutter Meier schmiert die Brote (Nur die Mütter laufen). Vater Meier holt das Auto (Nur die Väter laufen). Die Kinder packen die Rucksäcke (Nur die Kinder laufen). Alle wundern sich (Alle laufen): Wo ist Opa Meier? (Nur die Opas laufen) ...

Dreieckfangen

Spielort: Halle, Sportplatz, Freigelände, Pausenhof

Material: ggf. Bändchen oder Wäscheklammern

Spielidee und Grundregeln:
In der Lerngruppe werden Vierergruppen gebildet. Drei TN fassen sich an den Händen und bilden dadurch ein Dreieck. Ein Mitspieler des Trios wird mit einem Band im Hosenbund oder einer angesteckten Wäscheklammer am Rücken markiert. Jeweils den markierten Spieler muss der vierte TN, der die Rolle des Fängers übernimmt, abschlagen bzw. das Band oder die Wäscheklammer ergattern. Das Dreierteam versucht zugleich dies durch Wegrennen und geschickte Drehungen zu verhindern. Die Gruppen wechseln selbstständig Fänger und Markierung.

Hinweise zur Organisation, Methodik und Sicherheit:

–

Variationen:
Selbstverständlich können auch Fünfer- oder Sechser-Gruppen gebildet werden, dann wird es für den Fänger aber immer schwieriger.

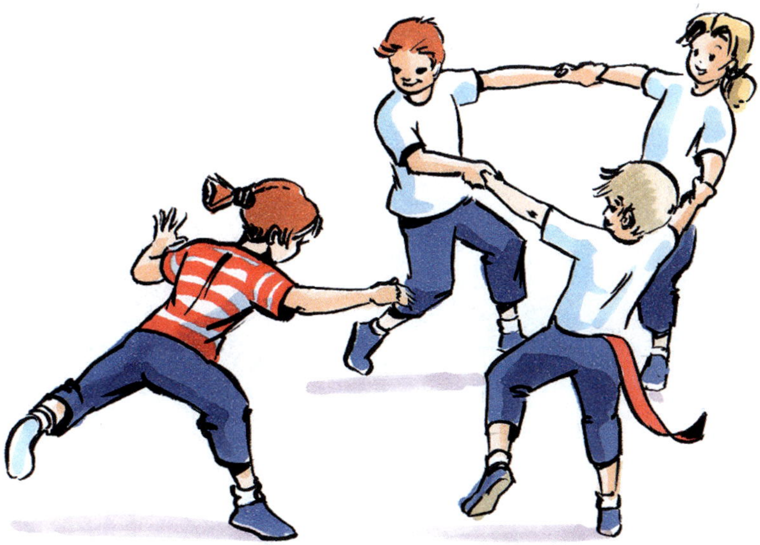

Ballspiele eignen sich durchaus auch zum Unterrichtsbeginn. Dies gilt insbesondere, wenn diese Spiele einen hinführenden Charakter haben, also im Hauptteil eine Ballschulung stattfindet oder Sportspiele gespielt werden sollen. Allerdings sollte zum Stundenanfang beachtet werden, dass die Spiele keinen großen Aufwand bei der Vorbereitung oder Erklärung benötigen und nicht selbst zum Schwerpunkt der Stunde werden. Wenn alle TN aktiviert werden sollen, müssen solche Spiele dies erreichen, indem entweder alle TN viel laufen oder viele Ballkontakte aufweisen.

Ein Fußballspiel mit 22 TN und einem Ball kann diesem Kriterium nicht gerecht werden, da nicht alle aktiv am Spiel beteiligt sind und viele den Ball in den ersten 10 Minuten dieser Stunde kaum berühren werden. Beim nachfolgend beschriebenen Spiel „Torjagd“ spielen die TN paarweise zusammen, was viele Ballkontakte sichert. Zudem können sie viele Tore schießen, üben spielerisch Fertigkeiten wie ‚ein sicheres Zuspiel‘ und die ‚Ballannahme‘, müssen sich im Raum gut orientieren und vielfach ihre Bewegungen auf die der anderen TN abstimmen. Zugleich können sie Tempo und Spielweise ihren Fähigkeiten anpassen. TN, die früh in die Halle kommen, können gleich beginnen, andere können im weiteren Verlauf noch einsteigen. Zudem sind schon Kinder in der Lage, ihr Spiel selbst zu bestimmen und zu regeln, sodass Lehrende Zeit gewinnen für weitere Vorbereitungen. Weitere Variationen sichern Spielfreude und Spannung, indem sie das Spiel erschweren. Dies alles sind wichtige Kriterien und Gestaltungsmöglichkeiten, die zum Beispiel ein Fußballspiel in der Spielweise 11 gegen 11 nicht erreichen kann.

Wetten, dass ...!

Spielort: Halle, Sportplatz, Freigelände, Pausenhof

Material: viele verschiedene, nicht zu harte Bälle (je nach Gruppengröße ca. 20–40)

Spielidee und Grundregeln:
„Wetten, dass ich die Bälle aus der Kiste schneller herauswerfen kann, als ihr sie wieder einsammeln könnt!“ So könnte die Wette des Lehrenden oder Übungsleiters beim ersten Durchgang lauten. Danach können zwei oder drei TN an seine Stelle treten.

Die Wette besteht darin, dass einer oder einige wenige versuchen viele Bälle aus einer Kiste heraus zu werfen, bis diese für mindestens ein oder zwei Sekunden ganz leer ist. Dabei darf stets nur ein Ball in eine Hand genommen werden. Alle anderen TN sammeln die Bälle wieder ein. Wenn es nach einer bestimmten Zeit (1 oder 2 Minuten) nicht gelungen ist, gilt die Wette als verloren und die anderen TN haben gewonnen.

Hinweise zur Organisation, Methodik und Sicherheit:
Werfer und Läufer dürfen sich gegenseitig nicht behindern. Als Bälle können gut Softbälle oder Gymnastikbälle, aber auch Tennisbälle eingesetzt werden.

Variationen:
Auch die Läufer dürfen immer nur einen Ball holen.

Besondere Einsatzbereiche/Ziele/Schwerpunkte:
Gerade in jüngeren Lerngruppen von 4 bis 10 Jahre ist dies ein bewegungsintensives Anfangsspiel, bei dem alle TN oft einen Ball haben und somit in eine Stunde mit Bällen gut eingeführt werden.

Torjagd

Spielort: Halle, Rasenplatz

Material: je Paar ein Ball, so viele Hütchen wie Spielende

Spielidee und Grundregeln:
Mit Hütchen werden etwa halb so viele Tore abgesteckt wie TN mitspielen. Diese werden in der Halle verteilt und relativ ungeordnet aufgebaut. Die Paare passen sich den Ball zu und versuchen möglichst viele Tore zu erzielen, indem sie durch das Tor durch passen und der andere den Ball kontrolliert annimmt. Ein Tor darf nicht hintereinander benutzt werden. Nach Punktgewinn muss ein anderes Tor gesucht werden.

Hinweise zur Organisation, Methodik und Sicherheit:
Schnell aufgebaut sind die Tore, wenn jedes Paar ein Tor aufbaut. Der Spielleiter kann gegebenenfalls im Verlauf der Spiels die Tore reduzieren.

Besondere Einsatzbereiche/Ziele/Schwerpunkte:
Diese Spielform eignet sich insbesondere, um allen Spielenden viele Ballkontakte zu ermöglichen und um ein Sportspiel im Hauptteil des Unterrichts vorzubereiten.

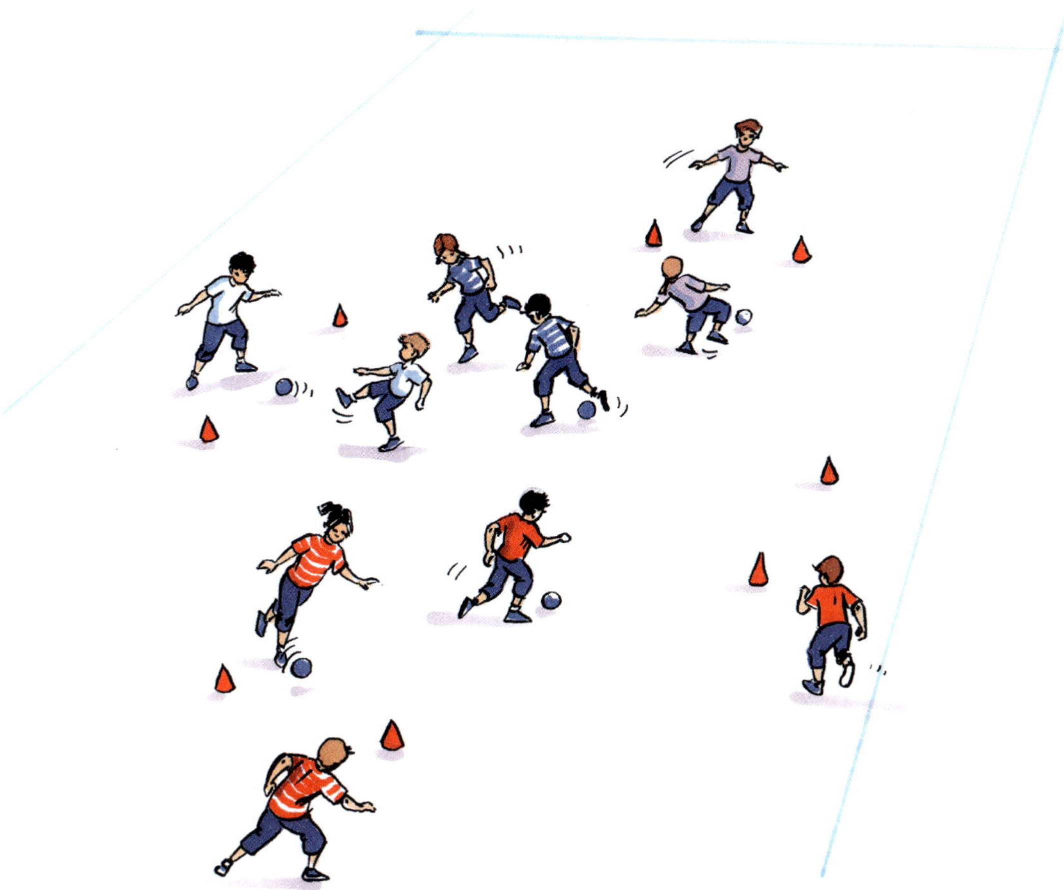

Variationen:

a) Ohne Gegnerbehinderung: Die Paare spielen einfach für sich. Der Ball eines Paares darf von den anderen Spielenden nicht gespielt werden.
b) Mit Gegnerbehinderung: Andere Paare dürfen gestört werden, in dem der Ball weggeschossen oder ein Tor verhindert wird.
c) Mit Balleroberung: 1–3 Paare haben keinen Ball. Sie müssen einen solchen erst erobern, indem sie regelgerecht einem anderen Paar den Ball abnehmen.
d) Mit Ballwechsel: Auf ein Signal (Pfiff, Hupe) des Spielleiters müssen sich alle einen neuen Ball suchen. Hierbei sollten verschiedene Bälle (Tennis-, Hand-, Volley-, Gymnastik-, Basket-, Fußball usw.) eingesetzt werden.
e) Verschiedene Spielformen vorgeben: mit dem Fuß, werfend oder mit Hockeyschlägern. Wird der Ball, z.B. ein Hand- oder Basketball, durch das Tor gepasst, empfiehlt sich die Regel, dass dieser Pass als Bodenpass gespielt werden muss, der ungefähr auf der Torlinie den Boden berühren muss. Dies fördert die Präzision und verhindert eher hohe oder gerade und damit ggf. gefährliche Pässe.
f) Zwei Paare spielen mit dem Ball gegeneinander. Nach Punkt darf weitergespielt werden. Diese ist eine sehr lauf- und spielintensive Variante, da nur wenige Spieler viele Tore verteidigen und angreifen können. Hier genügen oft wenige Spielminuten.

Zehnerball / Parteiball

Spielort: Halle, Sportplatz, Freigelände, Pausenhof

Material: ein Ball, den die TN gut passen und fangen können

Spielidee und Grundregeln:
Beim Zehnerball wird versucht, in einem vorgegebenen Spielfeld einen Ball 10-mal in der eigenen Mannschaft zu passen. Hierbei wird laut mitgezählt. Die andere Mannschaft versucht, die Pässe zu unterbinden. Gelingen 10 Pässe, erhält das Team einen Punkt und die andere Mannschaft bekommt den Ball.

Hinweise zur Organisation, Methodik und Sicherheit:
Die Regeln können den unterschiedlichen Gegebenheiten angepasst werden. So kann es sinnvoll sein, dass mit dem Ball nicht gelaufen werden darf und Körperkontakte nicht erlaubt sind.

Kleine Gruppen, z.B. 4 gegen 4 oder 5 gegen 5 erhöhen die Intensität und garantieren, dass alle TN aktiv teilhaben. Bei größeren Gruppen sind manchmal nur einige leistungsstarke Spieler aktiv.

Variationen:
Selbstverständlich kann Zehnerball statt mit den Händen auch als Fußball- oder Hockeyvariante gespielt werden. Dann ist es allerdings sinnvoll, mit einem Joker zu spielen, der stets die ballbesitzende Mannschaft unterstützt.

Besondere Einsatzbereiche/Ziele/Schwerpunkte:
Parteiballspiele eignen sich sehr gut zum Unterrichtsbeginn einer Sportspielstunde, weil diese in der Regel sehr intensiv sind und das Miteinander-Spielen im Vordergrund steht.

Ballchaos / Verkehrter Igelball

Spielort: Halle, Sportplatz, Freigelände, Pausenhof

Material: viele verschiedene Wurfgeräte oder Bälle, die ungefährlich sind, eine Gruppe von Materialien, die sich von den anderen unterscheidet, z.B. Igelbälle

Spielidee und Grundregeln:
Alle TN stehen in einem Innenstirnkreis mit ca. 1–2 Metern Abstand. Verschiedene Gegenstände (unterschiedliche Form, Gewicht, Größe, Flugeigenschaften) werden anfangs rechtsherum geworfen, wobei immer zunächst der Name des Nachbars gerufen wird, für den der Gegenstand bestimmt ist. Ein Igelball wird anschließend in die entgegengesetzte Richtung weitergeworfen. Hierbei wird nun der Name des anderen Nachbarn gerufen. Alle Gegenstände, die „Stacheln" aufweisen, wandern nun linksherum. Schwierig wird es, wenn sich die links- und rechtsherum wandernden Gegenstände bei einer Person treffen.

Ausgehend von diesem Spiel beginnen alle TN durch die Halle zu gehen (später auch zu laufen). Die Gegenstände werden dabei wie bisher zum jeweiligen Nachbarn geworfen oder weitergereicht. Durch lautes Rufen des jeweiligen Nachbarn kann dieser im Raum ausgemacht werden. Diese Spielvariante ist für viele jüngere Kinder sehr schwer und sollte auf jeden Fall langsam eingeführt werden. Bei älteren TN können immer mehr Gegenstände hinzugegeben werden. Auch können bis zu 5 Igelbälle unterschiedlicher Größe den anderen Wurfgeräten entgegenkommen. Jetzt fliegen viele Gegenstände durch die Luft, die nicht gefährlich sein sollten, und alle TN rufen ständig andere Namen. Das Ballchaos beginnt.

Hinweise zur Organisation, Methodik und Sicherheit:

Dieses Spiel sollte keinesfalls vorher, sondern besser spielbegleitend erläutert werden.

Variationen:

–

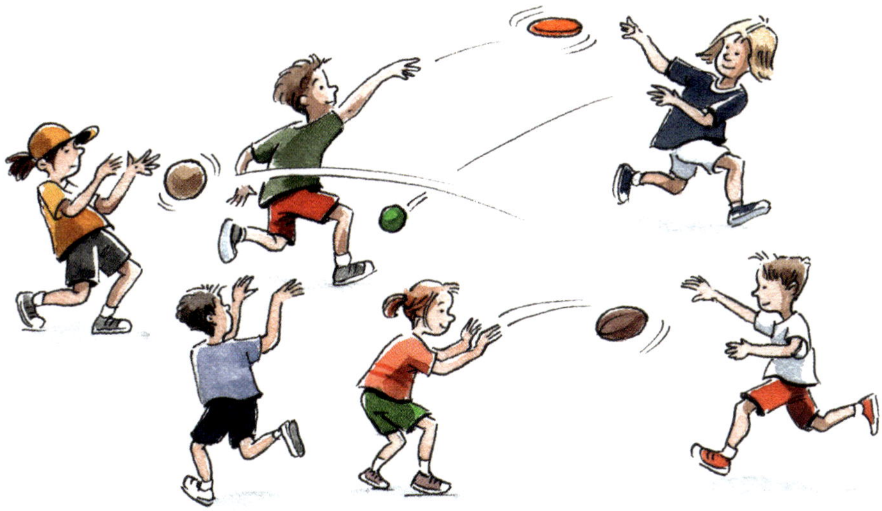

Elefantenfußball (Monsterball)

Spielort: Halle, Rasenplatz

Material: Pezzybälle/Sitzbälle, ggf. andere, sehr große Bälle

Spielidee und Grundregeln:
Monsterfußball ist eine vereinfachte Version des großen Fußballspiels. Der Fußball wird durch einen oder mehrere (Spieldynamik steigt) Sitzbälle ersetzt. Diese dürfen nur mit dem Fuß befördert werden. Zwei Mannschaften spielen gegeneinander. Spielfeld ist die gesamte Halle. Ziel des Spiels ist es, möglichst viele Tore zu erzielen. Tore werden erzielt, indem der Gymnastikball die gegnerische Wand bis zu einer Höhe von ca. einem Meter (mögliche Markierungen nutzen) berührt. So werden Gewaltschüsse verhindert. Gegebenenfalls können auch nur Flachschüsse gewertet werden.

Hinweise zur Organisation, Methodik und Sicherheit:
Kopfbälle sollten aufgrund der hohen Belastung durch die schweren Bälle nicht erlaubt werden. Als Gesichts- und Kopfschutz dürfen die Hände bei hohen Bällen locker vor den Kopf gehalten werden. Vorteil des Monsterfußballs ist, dass fußballerische Techniken kaum eine Rolle spielen. So können alle TN relativ gleichberechtigt mitspielen.

Variationen:
Statt Monsterfußball kann auch „Mäuseball" gespielt werden. Das heißt: Statt mit übergroßen Bällen, wird jetzt mit mehreren kleineren Bällen, z.B. Tennisbällen oder Flummis gespielt (siehe Teil 2).

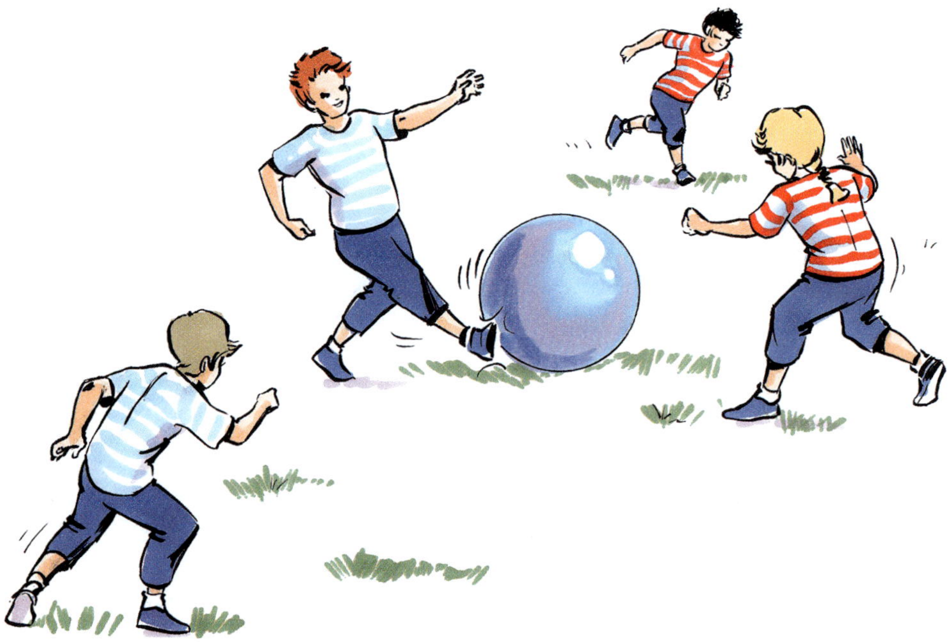

Jägerball / Jeder ist Jäger

Spielort: Halle, Sportplatz, Freigelände, Pausenhof

Material: Softball

Spielidee und Grundregeln:
In der Grundform gibt es in diesem Spiel einen oder mehrere ausgewählte Jäger, die versuchen, mit einem Softball die anderen TN (Hasen) abzuwerfen. Abgeworfene Hasen scheiden aus. Diese Grundform ist aber wenig bewegungsintensiv (außer für die Jäger), weshalb es gerade zu Beginn einer Stunde sinnvoller ist, dass abgeworfene Hasen wieder mitspielen dürfen, z.B. nachdem sie eine Runde um das Spielfeld gelaufen sind oder von anderen befreit wurden. Noch intensiver und freudvoller ist die rechts beschriebene Variation „Jeder ist Jäger!".

Hinweise zur Organisation, Methodik und Sicherheit:
Kopftreffer zählen nicht und sind auch nicht gestattet.
Damit die Jäger nicht mit dem Ball durch die ganze Halle rennen und dann andere TN gegebenfalls nur noch antippen, sollte die Regel gelten: „Mit dem Ball darf man höchstens drei Schritte laufen."

Variationen:
Besser, bewegungsintensiver und freudvoller als diese Form des Jägerballs ist „Jeder ist Jäger". Hierbei gibt es keine festen Jäger und Hasen mehr, sondern jeder kann einen Ball aufnehmen und versuchen, andere Hasen abzuwerfen. Die Hasen haben sich also emanzipiert. Tatsächlich sorgt diese Variante für viel mehr Einsatz, weil jeder TN beide Rollen einnehmen kann. Abgeworfene Hasen kommen wieder ins Spiel, indem sie eine Zusatzaufgabe oder eine Form der „Befreiung" ausführen. Wer den Ball fängt, darf direkt weiterspielen

Zombieball (Merkball)

Spielort: Halle, Sportplatz, Freigelände, Pausenhof

Material: Softbälle

Spielidee und Grundregeln:
Aufbauend auf dem Spiel „Jeder ist Jäger!" (siehe Variation von „Jägerball") wird dieses Spiel noch ein weiteres Mal variiert. Hierbei scheiden abgeworfene TN zunächst aus und setzen sich auf eine Bank oder stellen sich an den Spielfeldrand. Sie sollten sich den Jäger (Zombie), der sie abgeworfen hat, merken (Merkball), denn wenn dieser selbst abgeworfen wird, dürfen sie wieder mitspielen. Richtig Fahrt nimmt das Spiel auf, wenn die Außenstehenden den Spielenden zurufen, wen sie abwerfen sollen.

Hinweise zur Organisation, Methodik und Sicherheit:
Kopftreffer zählen nicht und sind auch nicht gestattet.
Damit die Zombies nicht mit dem Ball durch die ganze Halle rennen und dann womöglich von Nahem werfen, sollte die Regel gelten: „Mit dem Ball darf man höchstens 3 Schritte laufen."

Variationen:
Den gerade geworfenen Ball darf man nicht sofort wieder benutzen. Zuerst muss man mit einem der anderen Bälle geworfen haben. Es empfiehlt sich, Bälle unterschiedlicher Farben zu verwenden.

Virus

Spielort: Halle, Sportplatz, Freigelände, Pausenhof

Material: zwei verschieden farbige Softbälle, z.B. grün und rot

Spielidee und Grundregeln:
Je nach Anzahl der TN werden in der Regel zwei bis vier Fänger bestimmt. Diese stellen die Viren dar. Die Viren werfen die anderen TN mit den roten Bällen ab. Getroffene TN setzen sich. Die grünen Bälle sind wahlweise „Antikörper", „Heilbälle" oder „Spritzen". Diese werden den sitzenden TN zugeworfen. Werden die Bälle gefangen, sind die TN wieder gesund und spielen mit. Zudem können TN, die einen grünen Ball in den Händen halten, nicht von den Viren gefangen werden. Wer einen Ball hat, darf höchsten drei Schritte damit laufen.verlassen und ein anderer TN muss in den Käfig.

Hinweise zur Organisation, Methodik und Sicherheit:

- Kopftreffer zählen nicht.
- Aufsetzer der Viren zählen nicht.

Variationen:

- Die Bälle werden nicht geworfen, sondern mit dem Fuß gespielt. Gefangene TN stellen sich dann breitbeinig hin. Der Ball muss zur Befreiung durch die Beine gespielt werden.

Tigerball

Spielort: Halle, Sportplatz, Freigelände, Pausenhof

Material: je Gruppe einen Ball

Spielidee und Grundregeln:
Eine Kleingruppe von 2–4 TN spielt sich einen Ball oder bei mehr als vier TN mehrere Bälle zu. In der Mitte laufen Tiger, die versuchen an den Ball zu kommen. Gelingt es ihnen, einen Ball unter Kontrolle zu bekommen, dürfen sie ihren Käfig verlassen und ein anderer TN muss in den Käfig.

Hinweise zur Organisation, Methodik und Sicherheit:
Je nach Spielstärke der TN hat sich ein Verhältnis von einem Tiger und zwei oder drei Spielern bzw. zwei oder drei Tigern bei vier oder fünf Spielern als sinnvoll erwiesen.

Variationen:

- Es kann mit Fuß, Hand oder Hockeyschläger gespielt werden.
- Gegebenenfalls genügt es, wenn der Tiger einen Ball berührt.

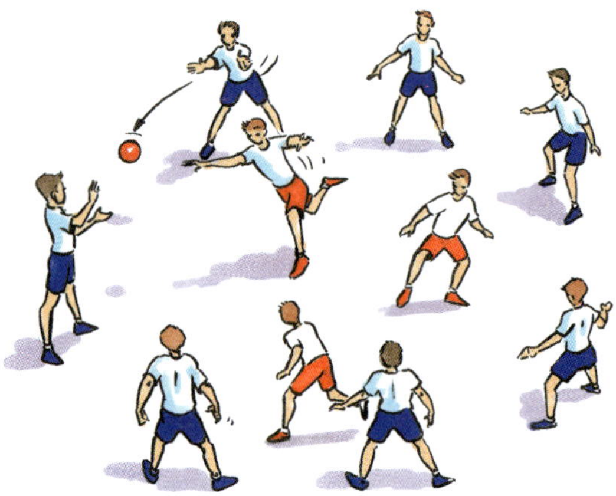

Eigentlich beruht jedes Bewegungsspiel auf kooperativen Handlungen der Spielenden. Nachfolgend sind jedoch Spiele dargestellt, bei denen die kooperative Handlung im Mittelpunkt steht, zur eigentlichen Absicht werden kann oder irgendeine Besonderheit aufweist. So müssen sich Schmuggler eine gemeinsame Strategie überlegen, um die Zöllner zu überlisten. Schaf und Wolf jagen sich nicht nur wechselseitig, sie brüllen auch wie ein hungriger Wolf und wie ein ängstliches Schaf. Oder die Krankenwagenfahrer bringen bei VirusX die infizierten TN schnell und sicher in das Krankenhaus, damit diese wieder mitspielen können.
Spiele mit kooperativen Handlungen eignen sich oft sehr gut für einen Stundenbeginn, weil diese das Gemeinsame des Sporttreibens betonen und meist sehr freudvoll verlaufen. Im Unterschied zu Wettkampfspielen werden in der Regel keine eindeutigen oder weniger bedeutsame Sieger und Verlierer erzeugt. Der nachfolgende Unterricht muss ein Gegeneinander nicht wieder auflösen und kann sich dem Schwerpunkt der Stunde widmen.

Bruder hilf!

Spielort: Halle, Sportplatz, Freigelände, Pausenhof

Material: kein

Spielidee und Grundregeln:
1–4 TN werden als Fänger bestimmt und versuchen, die Spielenden zu fangen. Die TN können jedoch nicht gefangen werden, wenn sie zu zweit in Handhaltung nebeneinander stehen. Allerdings dürfen zwei Spieler weder länger als 5 Sekunden nebeneinander stehen noch darf man zweimal hintereinander mit dem gleichen Spieler zusammengehen.

Hinweise zur Organisation, Methodik und Sicherheit:
Die Fänger sollten gekennzeichnet sein.

Variationen:

- Wenn es einem Fänger gelingt, einen anderen TN zu fangen, wird dieser zum neuen Fänger und der ehemalige Fänger wieder zum normalen Mitspieler.
- Wer gefangen wurde, wird zum Fänger und hilft mit, bis alle Spielenden gefangen wurden.
- Bruder und Schwester hilf: Spielende dürfen nur dann nicht gefangen werden, wenn Bruder und Schwester (also Mädchen und Junge) sich anfassen.
- Familie hilf: Spielende dürfen nur dann nicht gefangen werden, wenn mindestens 3, wahlweise auch 4 Spielende, sich anfassen, die aber wiederum beim nächsten Mal nicht zusammen stehen dürfen.

Schaf und Wolf

Spielort: Halle, Sportplatz, Freigelände, Pausenhof

Material: kein

Spielidee und Grundregeln:
Die TN gehen jeweils paarweise zusammen und setzen sich im Raum verteilt auf den Boden oder stellen sich hinter- oder nebeneinander auf. Ein Paar wird als Schaf (Gejagter) und Wolf (Fänger) bestimmt. Der Wolf versucht nun das Schaf zu fangen, schafft er dies, werden sofort die Rollen getauscht. Das Schaf hat jedoch die Möglichkeit, sich in Sicherheit zu bringen, indem es sich neben oder hinter eine bestehende Zweiergruppe setzt. Jetzt wird der erste dieser Zweiergruppe zum Wolf und der ehemalige Wolf wird zum Schaf.

Hinweise zur Organisation, Methodik und Sicherheit:
Sehr lustig wird das Spiel, wenn der Wolf und das Schaf möglichst auch szenisch gespielt werden. Der Wolf folglich laut und gruselig schreiend und mit den Armen rudernd hinter dem Schaf her rennt, während das Schaf winselnd und geduckt versucht zu entkommen. Viele Paare erhöhen das Tempo, machen das Spiel aber auch etwas unübersichtlich. Wichtig für das Gelingen ist es, dass die Schafe nie zu lange weglaufen, sondern sich baldmöglichst zu einem neuen Paar stellen.

Variationen:
- Haben die TN die Spielidee und die Regeln verinnerlicht, können immer mehr Paare als Wolf und Schaf mitspielen. Gefangen wird immer nur innerhalb der Paare, d.h. ein Wolf darf nicht ein anderes Schaf fangen.
- Wird das Spiel in der oben beschriebenen Grundform beherrscht, dann kann eine bewegungsintensivere Variante interessant sein: Alle Zweierpaare dürfen eingehakt durch die Halle laufen. Sucht ein flüchtendes Schaf ein Paar, dann hakt es sich in den freien Arm eines TN, der andere daneben lässt los und wird zum Wolf.

Statt nebeneinander können die Paare auch hintereinander stehen. Dann stellt sich das flüchtende Schaf hinten an und der vordere Spieler wird zum Wolf. Diese Variation ist für jüngere TN oft einfacher zu spielen. Zudem ist diese Variation gerechter, weil alle ungefähr gleich oft dran kommen.

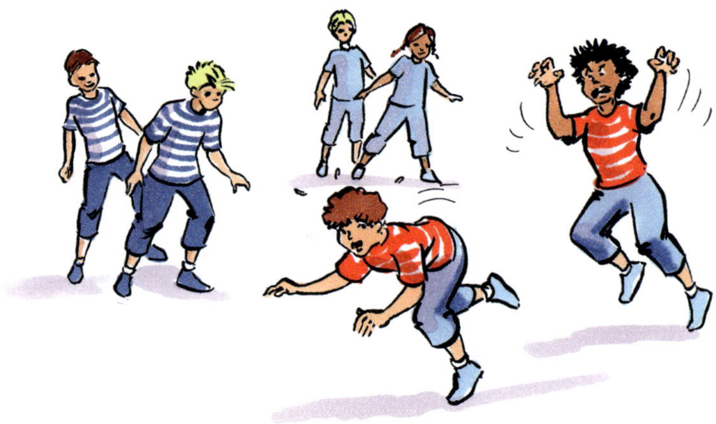

Schmuggler

Spielort: Halle, Sportplatz, Freigelände, Pausenhof

Material: viele Muggelsteine, Kastanien, Nüsse oder Ähnliches, vier kleine Kisten oder zwei kleine Kästen

Spielidee und Grundregeln:
Die Lerngruppe wird in zwei Mannschaften im Verhältnis von ca. 1/4 zu 3/4 aufgeteilt. Die größere Gruppe sind die Schmuggler, die ihre Hehlerware (Edelsteine) über die Grenze von einer Spielfeldseite zu anderen bringen wollen. Die kleinere Gruppe sind die Zöllner, die versuchen, Schmuggelgut zu entdecken. Die Zöllner dürfen sich dabei nur in einem Korridor von ca. 10 m Breite in der Hallenmitte aufhalten.
Beide Gruppen müssen sehr geschickt vorgehen, denn die Zeit drängt. Die Schmuggler transportieren ihre Ware versteckt in den Händen. Sie können aber auch nur so tun, als ob sie schmuggeln würden und in Wirklichkeit sind ihre Hände leer. Die Zöllner versuchen die Schmuggler zu fangen. Gefangene Schmuggler müssen ihre Hände aufmachen und das Schmuggelgut abgeben, indem sie es in eine der beiden Kisten der Zöllner legen. Die Schmuggler laufen so lange hin und her, bis die Schmuggelkiste leer ist oder der Spielleiter abpfeift.

Hinweise zur Organisation, Methodik und Sicherheit:
Zur besseren Organisation empfiehlt es sich, dass auf der einen Spielfeldseite eine Kiste mit dem Schmuggelgut (Muggelsteine, Kastanien o. Ä.) und auf der anderen Spielfeldseite eine leere Kiste steht, in die die Schmuggler ihre Ware bringen. Zwei weitere Kisten stehen am Spielfeldrand in Höhe der Spielfeldmitte. Diese gehören den Zöllnern und stellen die Asservatenkammer dar.
Wenn die Schmuggler sich gut beraten, wer wann läuft, haben diese bessere Chancen, mit vielen Muggelsteinen über die Grenze zu kommen. Zum Beispiel können einige Schmuggler mit wenigen Steinen die Zöllner beschäftigen, während andere Schmuggler relativ ungehindert mit großer Beute die Grenze überqueren. Auch die Zöllner sollten kurz überlegen, wie sie am besten vorgehen. Der Spielleiter sollte hierfür etwas „Beratungszeit“ gewähren. Das Spiel sollte einige Male gespielt werden, damit die TN solche Strategien erkennen.

Variationen:
–

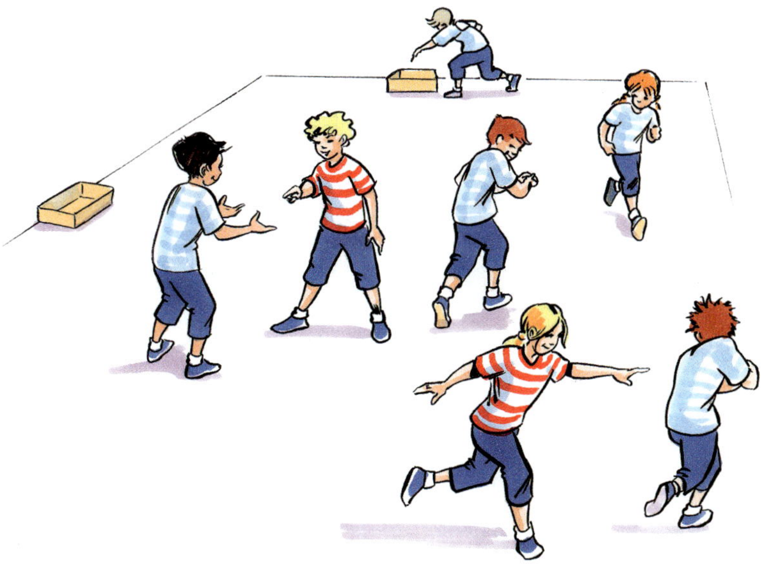

Krankenhaus (Virus X, Sanitäterfangen, Bazillus)

Spielort: Halle, Sportplatz, Freigelände, Pausenhof

Material: kein (Variation Rollbretter)

Spielidee und Grundregeln:
Je nach Größe der Lerngruppe werden ein bis drei Fänger ausgewählt. Wird ein TN gefangen, setzt dieser sich hin und ruft nach „Sanitätern“. Vier noch nicht gefangene Mitspieler laufen zu dem Verletzten und tragen ihn ins Krankenhaus (z.B. einen Weichboden). Die „Sanitäter“ dürfen während ihrer Rettungsaktion nicht abgeschlagen werden. Sobald der Verletzte im Krankenhaus ist, darf dieser wieder mitspielen.

Hinweise zur Organisation, Methodik und Sicherheit:

Zum Unterrichtsbeginn ist dieses Spiel dann besonders geeignet, wenn im Krankenhaus gelernte Übungen (z.B. Rolle vorwärts, Rad, Korbleger) nochmals wiederholt werden müssen. Dann kann das Krankenhaus eine Mattenbahn sein oder ein Basketballkorb.

Im Krankenhaus können die TN auch auf den Hauptteil hinführende Aufgaben durchführen, um wieder mitmachen zu dürfen. Der Lehrende/Übungsleiter kann dann am Krankenhaus stehen und Hilfe- und Sicherheitsstellung leisten.

Jüngeren Spielern können die Regeln auch anhand einer Rahmenhandlung erläutert werden: Die Fänger sind „Viren“ oder auch „Schreiviren“ (dann wird es laut in der Halle), die andere TN anstecken zum Beispiel mit dem Schreivirus. Die Sanitäter bringen brüllende TN dann ins Krankenhaus.

Variationen:

Die Sanitäter nutzen Krankenwagen (Rollbrett). Hier verfügt dann je ein Sanitäter über ein Rollbrett und kann so Kranke ins Krankenhaus fahren. Die Sanitäter sollten zuvor bestimmt werden. In der Regel ist ein Verhältnis von 3 bis 4 Sanitäter auf einen Fänger sinnvoll.

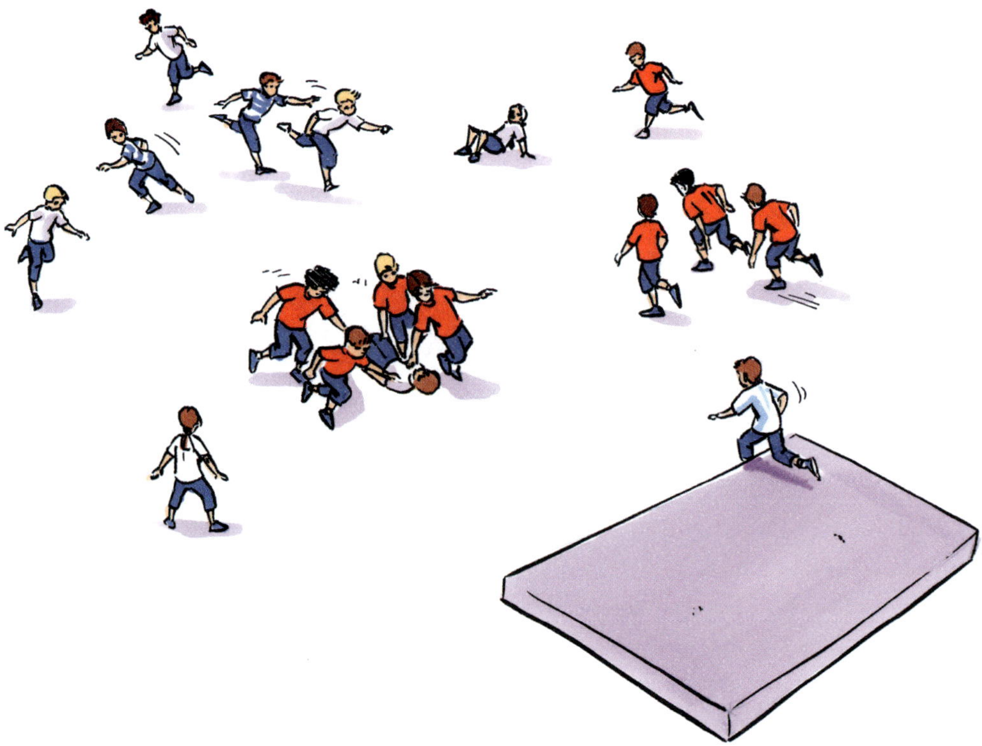

FBI / Affenkäfig

Spielort: Halle, Sportplatz, Freigelände, Pausenhof

Material: Weichboden oder eine andere Raumbegrenzung, die als „Gefängnis“ dienen kann

Spielidee und Grundregeln:
Bis auf 3–5 Agenten vom FBI sind alle anderen TN Gangster. Diese verteilen sich in der Halle, doch wenn die Sirene vom FBI ertönt, beginnt die Gangsterjagd. Wer gefangen wurde, muss in Handschellen (die Hände über dem Kopf kreuzen) in das Gefängnis gehen. Hierzu liegt ein Weichboden auf einer Hallenseite mit Abstand zu den Wänden. Doch Achtung: Die noch freien Gangster können die Gefangenen befreien. Hierzu stecken die Gefangenen ihre Hände durch die „Gefängnisgitter“. Wenn ein freier Gangster diese abschlägt, kann der Gefangene wieder flüchten.

Hinweise zur Organisation, Methodik und Sicherheit:
Das FBI darf das Gefängnis bewachen. Für das FBI wird es einfacher, wenn der Weichboden an einer Wand liegt.

Variationen:
Wenn das Fangen für das FBI zu anstrengend wird, empfiehlt sich eine Strategievariante: Die Mitglieder des FBI dürfen sich absprechen und einzelne dürfen sich z.B. auch einmal als Wachmänner vor dem Gefängnis positionieren.

Affenkäfig
Das Spiel wird ganz ähnlich gespielt, nur das die Affen aus ihrem Käfig ausgebrochen sind und von den Wärtern wieder eingefangen werden müssen.

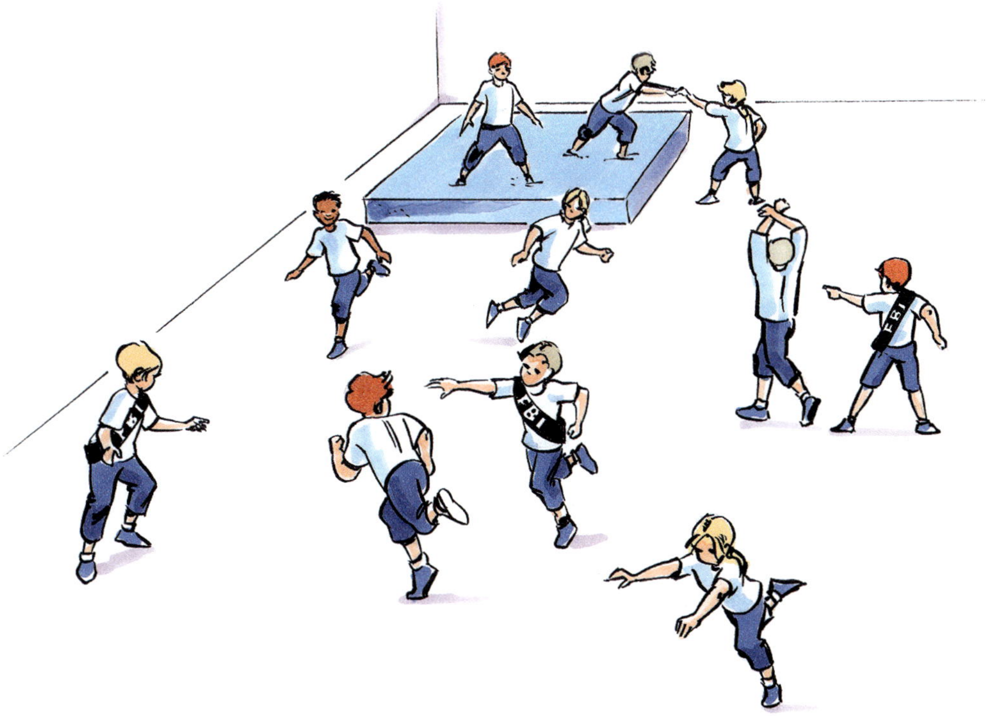

6er-frei (Würfelfangen, Spielcasino)

Spielort: Halle, Sportplatz, Freigelände, Pausenhof

Material: ein großer Schaumstoffwürfel

Spielidee und Grundregeln:
Dieses Fangspiel wird mit etwas mehr Fängern als normalerweise gespielt, dadurch ist es intensiver. Je nach Größe der Lerngruppe werden 3–6 Fänger bei 15–30 TN bestimmt. Wer gefangen wurde, muss in das Spielcasino. Hier würfeln die TN abwechselnd. Würfelt einer von ihnen eine 6, sind alle wieder frei.

Hinweise zur Organisation, Methodik und Sicherheit:

–

Variationen:

–

Manche Spiele zum Unterrichtsbeginn können auch ohne Spielleitung gespielt werden. Selbstverständlich muss dieser noch die Aufsicht führen. Wenn aber Schülerinnen und Schüler oder andere Teilnehmer/-innen aufgrund der einfachen Spielstruktur das Spiel selbst regeln können, gewinnt der Übungsleiter/-innen oder der Lehrende in der Schule Freiräume für andere Aufgaben. Zum Beispiel können Geräte bereitgestellt, Absprachen mit anderen TN getroffen oder andere Vorbereitungen durchgeführt werden. Als sinnvoll erweist es sich, wenn solche Unterrichtsanfänge routiniert, bzw. ritualisiert verlaufen. Das heißt, über einen längeren Zeitraum beginnt jede Stunde stets mit dem gleichen Spiel. Jeder TN weiß dies und weiß auch, ohne Hinweise durch den Lehrenden, was passiert, was erlaubt ist und was nicht. Die TN werden im Idealfall dann in die Halle kommen und mit ihrem Spiel beginnen, ohne dass es viel Zutun der Lehrenden bedarf.

Für einen zunehmend eigenständigen Beginn ist auch eine eigene, kleine Spielekartei mit geeigneten Spielanleitungen sinnvoll. Aus dieser Auswahl von Spielen können die TN am besten schon in der vorhergehenden Stunde ein Spiel auswählen, sodass sie es zu Beginn des neuen Unterrichts schnell erklären bzw. initiieren können.

Du bist!

Spielort: Halle, Sportplatz, Freigelände, Pausenhof

Material: Eine Markierung für den Fänger, die schnell weiter gegeben werden kann, z.B. ein Stofftier

Idee und Grundregeln:
Dieses einfachste aller Fangspiele kann auch schon von Kindergartenkindern meist alleine gespielt werden. Bei einer normalen Gruppenstärke von 10–30 TN sind zwei bis vier Fänger sinnvoll. Die Fänger versuchen jemand anderen anzutippen und geben damit die Rolle weiter. Damit der neue Fänger von allen erkannt werden kann, rufen sie dabei laut „Du bist!“ und geben das Stofftier oder eine andere Markierung an den Gefangenen weiter.

Hinweise zur Organisation, Methodik und Sicherheit:
Das Spiel kommt fast ohne Regeln aus. Es sollte jedoch gelten, dass der neue Fänger nicht den alten sofort wieder abschlagen darf, da diese zwei sich ggf. nur jagen und die anderen eher zuschauen.
Es sollten mindestens zwei Fänger bestimmt werden, da langsame Fänger alleine oft keine Chance haben und das Spiel dann langweilig wird bzw. Hänseleien entstehen können.

Variationen:
–

Roter Blitz

Spielort: Halle, Sportplatz, Freigelände, Pausenhof

Material: kein

Spielidee und Grundregeln:
Dieses Spiel ist dem altbekannten „Wer hat Angst vorm schwarzen Mann?“ sehr ähnlich. Entweder rufen die TN „Wer hat Angst vorm Roten Blitz?“ und das bekannte Frage-Antwort-Vorspiel beginnt oder der Fänger ruft einfach „Roter Blitz!“ und schon geht es los.

Hinweise zur Organisation, Methodik und Sicherheit:
Dieses Spiel eignet sich sehr für einen selbstständigen Beginn durch die TN selbst. Sind die ersten 6 bis 10 Kinder in der Sporthalle, wird der Rote Blitz bestimmt und schon kann es losgehen. Andere Kinder, die später kommen, spielen einfach mit, indem sie in das laufende Spiel einsteigen.

Variationen:
Der Rote Blitz kann einfach von der Spielleitung bestimmt werden, aus einer Liste entnommen werden oder Roter Blitz wird, wer sich als Erstes fertig umgezogen hatte.

Besondere Einsatzbereiche/Ziele/Schwerpunkte:
Dieses Spiel ist zum selbstständigen Aufwärmen durch die TN sehr gut geeignet. Die TN regeln ihr Spiel weitgehend eigenständig. Die Spielleitung sollte die Aufsicht führen, kann aber zugleich Unterrichtsvorbereitungen treffen, wie Geräte aufbauen, Schülergespräche führen usw.

Hundehütte (Zitronenmännchen)

Spielort: Halle, Sportplatz, Freigelände, Pausenhof

Material: kein

Spielidee und Grundregeln:
Je nach Größe der Lerngruppe werden zwei bis vier Fänger ausgewählt. Alle anderen Kinder können gefangen werden, indem sie vom Fänger an der Schulter berührt werden. Wer gefangen wurde, muss sich mit gespreizten Beinen hinstellen und die Arme nach oben halten.
Ein Gefangener kann befreit werden, indem ein anderes Kind durch die Beine rutscht oder krabbelt. Jeder noch freie TN kann die Rolle des Befreiers einnehmen.

Hinweise zur Organisation, Methodik und Sicherheit:
Wenn die Fänger von Zeit zu Zeit gewechselt werden, können Kinder schon im Kindergartenalter dieses Spiel alleine spielen. Bewährt hat sich zum Beispiel ein „Zeitwächter“, der ausgestattet mit einer großen Uhr nach dem Ablauf von 1 oder 2 Minuten „Spielstopp!“ ruft. Dann bestimmen die Zitronenmännchen schnell neue Fänger und es geht weiter.

Variationen:
Variation: Die Schüler müssen eine Bank oder eine „Brücke“ (zum Beispiel um Körperspannung aufzubauen) etc. machen. Zum Befreien muss ein anderer Schüler unter der Brücke durchrutschen (siehe „Brückenbefreiung“).

Mustang / Tippfinger

Spielort: Halle, Sportplatz, Freigelände, Pausenhof

Material: Isolierschlauch aus Schaumstoff, aufblasbare große Plastikfinger (meist Fanartikel)

Spielidee und Grundregeln:
Eine Gruppe von Rangern (drei bis fünf Fänger) versucht mittels ihrer Lassos (Isolierschläuche) die wilden Mustangs (TN) einzufangen. Durch geschickte Sprünge können sich die Mustangs aber auch gegenseitig wieder befreien.

Hinweise zur Organisation, Methodik und Sicherheit:

Die Ranger versuchen, mit ihren Lassos die Mustangs zu berühren. Gefangene Mustangs sind sofort betäubt und legen sich auf den Boden. Sie können wieder befreit werden, indem ein anderer Mustang über diese springt.
Wichtig: Die Ranger dürfen nicht den Kopf treffen. Das Überspringen sollte von allen TN gekonnt werden.

Variationen:

- Ein Mustang muss dreimal übersprungen werden, damit er befreit ist – gegebenenfalls muss dies von unterschiedlichen Artgenossen geschehen.
- Die Mustangs müssen zu zweit mit Handfassung befreien.

Tippfinger

Die Fänger erhalten einen großen Tippfinger, mit dem sie die TN fangen. Dies ist eine gute Kennzeichnung und die TN sind hierdurch sehr motiviert. Die Befreiung erfolgt, indem sich Abgeschlagene im Liegestütz positionieren und ein anderer TN hindurch kriecht.

Besondere Einsatzbereiche/Ziele/Schwerpunkte:

Zu Beginn der Stunde liegen die Isolierschläuche oder die Tippfinger aus. Wer als erstes umgezogen ist, darf sich einen nehmen und ist zunächst Fänger. Nachfolgende TN spielen einfach mit.

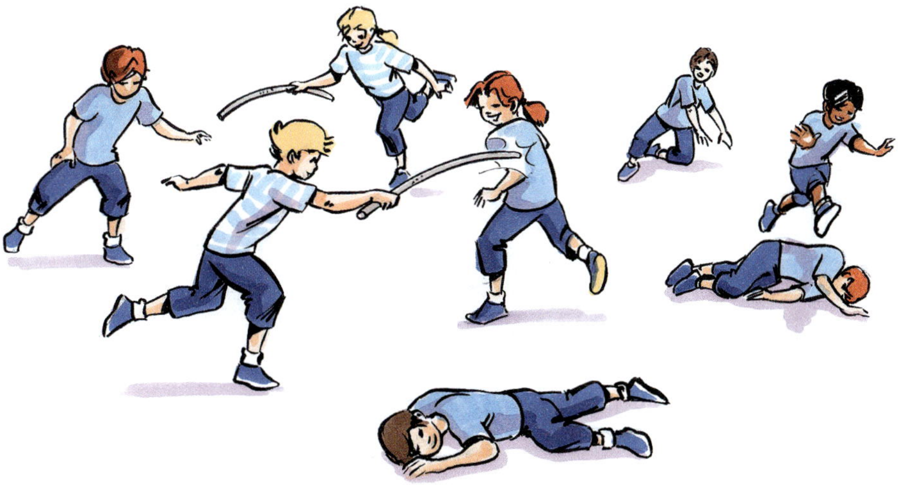

Paarfangen / Kettenfangen

Spielort: Halle, Sportplatz, Freigelände, Pausenhof

Material: kein

Spielidee und Grundregeln:
Ein TN oder ein Pärchen (zwei TN Hand in Hand) beginnen, die übrigen TN zu fangen. Haben sie einen weiteren TN gefangen, fangen sie zu dritt Hand in Hand ein weiteres Kind. Sobald der vierte TN gefangen ist, teilt sich die Gruppe in zwei Paare, die dann beide solange Kinder fangen, bis sie wieder zu viert sind. Das Spiel dauert so lange, bis alle TN gefangen sind.

Hinweise zur Organisation, Methodik und Sicherheit:
Der erste Fänger sollte relativ leistungsstark sein, damit er die anderen fangen kann.

Variationen:
Kettenfangen
Die Gruppe teilt sich bei vier TN nicht mehr, sondern bleibt zusammen, sodass eine immer längere Kette entsteht.

Eine kurze Einführung in Spiele zum Unterrichtsende

Dem Unterrichtsende wird im Vergleich zum Unterrichtsbeginn oft weniger Beachtung geschenkt. Doch das Unterrichtsende ist keineswegs unwichtiger. Hier findet der Unterricht oder das Training seinen Abschluss und dieses Ende sollte zum vorangegangenen Unterricht passen.

Nicht immer muss deshalb ein Spiel gespielt werden. Ebenso kann die Stunde auch mit einem Gespräch, einer Reflexion oder einem Ausblick auf die nächste Stunde enden. Doch solche Aktivitäten sind eher geeignet, den Hauptteil zu beschließen. Mit Spielen zum Unterrichtsende ist eine Aktivität gemeint, die sich an den Hauptteil zusätzlich anknüpft und freudvoll die Arbeit im Unterricht oder der Übungsstunde abrundet.

Manchmal wird argumentiert, dass für ein Spiel am Unterrichtsende keine Zeit mehr sei. Doch viele Spiele und Übungen benötigen nur eine oder zwei Minuten und diese Zeit findet sich sicherlich in jeder Stunde für einen geordneten, gemeinsamen und freudvollen Abschluss.

So gesehen meint das „Unterrichtsende" mehr, als die Teilnehmerinnen und Teilnehmer (TN) nur aus der Stunde zu entlassen. Gerade im Sport bieten sich zahlreiche Aktivitäten an, die den schulischen Unterricht von anderen Fächern unterscheidet. Zum Unterrichtsende können sich die Schüler noch einmal bewegen oder auch entspannen, noch einmal lachen oder auch schreien, noch einmal schwitzen oder auch abschwitzen. Der erste und der letzte Eindruck sind, schlicht formuliert, sehr wichtige Eindrücke. Denn gehen Kinder, Jugendliche und Erwachsene freudvoll aus der Sporthalle, kommen sie bestimmt auch gerne wieder – egal ob sie zuvor verloren oder gewonnen haben, sich angestrengten, erfolglos oder erfolgreich waren.

Wie bei den Spielen zum Unterrichtsbeginn sollen auch hier wiederum Kriterien und Funktionen für den Abschluss von Sportstunden skizziert werden, um dann ausgewählte Spiele und Übungen vorzustellen.

Kriterien für gute Spiele zum Unterrichtsende

Spiele und Übungen zum Unterrichtsende sollten möglichst viele der nachfolgenden Bedingungen erfüllen. Ein guter Schluss ist aber nicht notwendigerweise an solche Bedingungen geknüpft. Die dargestellten Kriterien dienen der Orientierung und der schüler- und unterrichtsadäquaten Auswahl eines Spiels.

1. Ein Spiel zum Unterrichtsende muss einen zügigen Start und ein zügiges Ende gewährleisten!

Am Ende einer Sportstunde steht meist nur noch wenig Zeit zur Verfügung. Auch sind die TN möglicherweise müde und unkonzentriert. Daher ist eine schnelle Initiierung der Spiel- und Übungsform unabdingbar. Ein großer Aufbau oder eine komplexe Gruppeneinteilung sind hier nicht angebracht. Zudem gilt: Da nach dem Spiel die Stunde unweigerlich zu Ende ist, sollte ebenso kein Abbau notwendig sein.

Auch muss das Spiel entweder jederzeit beendbar sein, oder es muss definitiv nach wenigen Minuten automatisch enden. Spiele, deren Dauer ungewiss und deren Ende vom Verlauf abhängig sind, eignen sich meist nicht für ein Unterrichtsende. Nichts ist störender und für die Beteiligten unbefriedigender als ein Spiel, das wegen Zeitmangels zum Ende einer Stunde durch die Spielleitung abgebrochen werden muss.

2. Ein Spiel zum Unterrichtsende sollte einen klaren Abschluss gewährleisten!

Ein Spiel am Ende sollte die Sportstunde abschließen. Das heißt, hier sollten keine neuen Fragen aufgeworfen werden. Nach dem Spiel bleibt in der Regel keine Zeit mehr, diese zu besprechen oder zu klären. Folglich sollte beispielsweise das Regelwerk nicht zu komplex sein, oder das Spiel wurde im Rahmen des Unterrichts schon vorher einmal gespielt.

Auch sollte das Spiel sicher zu Ende gehen, ohne

dass danach starke Emotionen den Abschluss der Sportstunde gefährden (siehe auch innerschulische Funktion). Spiele, wie Staffeln oder Spiele, die Gewinner und Verlierer sehr deutlich herausstellen, eignen sich deshalb oft nicht für ein Unterrichtsende, da die so erzeugten Emotionen nicht mehr im Unterricht selbst bearbeitet werden können und die Schülerinnen und Schüler in der Umkleide mit den bekannten Folgen (Hänseleien, Streitereien) oft sich selbst überlassen bleiben.

3. Ein Spiel zum Unterrichtsende muss alle TN beteiligen!

Wenn das Unterrichtsende seine Funktionen erfüllen soll, ist es in der Regel unerlässlich, dass alle TN der Stunde auch am Ende beteiligt werden. Im Idealfall wird so allen mitgeteilt, dass die gemeinsame Aktivität schön und freudvoll war und dass der Unterricht jetzt gemeinsam zu Ende geht.

4. Ein Spiel zum Unterrichtsende sollte die Sicherheit aller Beteiligten gewährleisten!

Am Ende des Sportunterrichts bestehen Sicherheitsrisiken und erhöhte Unfallgefahren, da die TN müde und unkonzentriert sein können. Neues sollte hier nicht mehr gelernt werden und motorische Anforderungen sollten eher niedrig gehalten werden oder bekannt sein.

Kleine Unfälle, aber auch emotionale „Unsicherheit" wie Unzufriedenheit, Weinen oder Streit erzeugen gerade am Stundenende Stress, da meist nur wenig Zeit ist, TN zu trösten oder mögliche hieraus entstehende Konflikte zu klären. So müssen beispielsweise in der Schule Schülerinnen und Schüler wie Lehrende in den nachfolgenden Unterricht.

Funktionen von Spielen zum Unterrichtsende

1. Ein Spiel zum Unterrichtsende sollte versöhnlich und für alle Beteiligten freudvoll sein!

Sportunterricht unterscheidet sich in vielfältiger Hinsicht von anderen Fächern oder Aktivitäten. Hier werden starke emotionale Erfahrungen gesammelt, die sich an Körpereindrücken, gemeinsamen Interaktionen, Sieg und Niederlage, Könnenserfahrungen aber auch Versagen, sozialem Miteinander sowie Konflikten festmachen lassen.

In der Regel werden solche tiefen Eindrücke sicherlich in Unterrichtsgesprächen thematisiert und reflektiert. Die meist rationalen Herangehensweisen können jedoch nicht jede Frustration oder jeden Streit bewältigen. Auch ein gelungenes Unterrichtsende vermag dies nicht. Und dennoch zeigt die Praxis, dass ein freudvolles, versöhnliches Spiel am Ende vieles bewirken kann. Gelingen im Abschlussspiel Erfolgserlebnisse oder freudvolle Momente, wird noch einmal gemeinsam gelacht oder lauthals geschrien und vieles ist nachfolgend leichter. Die TN gehen gelöst und entspannt aus der Halle oder zufrieden in die Pause, den Unterricht oder nach Hause.

Spiele zum Unterrichtsende schließen also nicht nur mit der Stunde ab, sie versöhnen die einzelnen TN mit den zuvor durchgeführten Inhalten, erzeugen Gemeinsamkeit und schaffen im Idealfall kurze Glücksmomente.

2. Ein Spiel zum Unterrichtsende muss innerunterrichtliche Funktionen erfüllen!

Funktionen, die sich aus dem Verlauf des vorherigen Unterrichts ergeben, sind vielfältig. Nach einer anstrengenden Stunde beispielsweise zum Thema Ausdauerschulung bieten sich ruhige und entspannende Spielformen an. Bestand der Unterricht mehr aus kognitiven Inhalten oder technikorientierten Phasen, können intensive Spielformen einen sinnvollen Belastungswechsel darstellen. Auch kann es sein, dass nach einem aufwändigen Abbau ein kurzes Spiel eine kleine Belohnung darstellt. So kann dann auch verhindert werden, dass einzelne TN gegebenenfalls schon vor den anderen die Halle verlassen wollen.

Gerade im Sport ist es wichtig, auf die zahlreichen innerunterrichtlichen Aspekte Rücksicht zu nehmen. Diese sind aber nicht immer im Detail vorhersehbar und planbar. So kann weniger Zeit als gedacht zur Verfügung stehen, oder ein Konflikt in der Lerngruppe lässt ein lustiges Spiel sinnvoller erscheinen. Mit einem großen Repertoire an Spiel- und Übungsformen können Lehrende nicht nur situativ und flexibel reagieren, sondern das Unterrichtsende bewusst gestalten. Insofern kann es oft sinnvoll sein, für verschiedene Alternativen eines Abschlusses vorbereitet zu sein und somit entsprechend dem vorhergehenden Verlauf zu entscheiden, was in den letzten Minuten der Stunde gemacht wird.

3. Ein Spiel zum Unterrichtsende muss innerschulische Funktionen erfüllen!

Welche Sportlehrenden kennen es nicht, die Kolleginnen und Kollegen des nachfolgenden Unterrichts beschweren sich, die Schülerinnen und Schüler seien im Unterricht so aus der Puste, verschwitzt, durstig oder aufgewühlt gewesen. Sportunterricht hat hier die innerschulische Verantwortung, die Schülerinnen und Schüler so zu verabschieden, dass diese rechtzeitig, ruhig und konzentriert am nachfolgenden Unterricht teilnehmen können. Insbesondere nach spannenden Wettkampfspielen sollte man die TN nicht einfach in die Umkleide entlassen. Konflikte können sich so leicht aufschaukeln und erst die Lehrenden des nachfolgenden Unterrichts können den Streit dann schlichten. Hier bieten sich gegebenenfalls Spielformen an, die beruhigen (z.B. Wahrnehmungsspiele), die Perspektive wechseln (gemeinsam statt gegeneinander spielen) oder die die Schüler nacheinander in die Umkleide entlassen („Auflösungsspiele“).

Auch andere schulische Aspekte sollten gegen Ende berücksichtigt werden. Sind die TN verschwitzt, sollte ihnen – wenn sie wie meist nicht duschen (können) – in einem eher ruhigen Spiel die Möglichkeit des „Abschwitzens“ gegeben werden. Bei kaltem Wetter können so in Schule und Verein Erkältungen usw. vermieden werden.

4. Teilnehmerinnen und Teilnehmer beteiligen und Verantwortung übertragen!

Schließlich kann es auch sinnvoll sein, dass TN zum Ende der Stunde eine (Teil-)Verantwortung übertragen wird. Wenn die TN ein Spiel initiieren und selbstständig regeln, werden Lehrende für diese Zeit entlastet und können gegebenenfalls Geräte fertig abbauen, Auswertungen zum Unterricht vornehmen, sich Notizen machen oder auch notwendige Einzelgespräche führen. Gleichzeitig werden die TN so handlungskompetenter und lernen ihr Spiel selbst zu regeln. Dies kann zum Beispiel in Form von selbst gewählten Spielen geschehen, die schon vor der Stunde durch einzelne TN vorbereitet wurden.

Spiele zum Unterrichtsende

Viele der Spiele zum Unterrichtsbeginn sind durchaus auch für das Stundenende geeignet, wie zum Beispiel „Roter Blitz“ oder „Kettenfangen“. Andere Spiele müssen aber für diesen Einsatzort besonders gestaltet sein oder modifiziert werden. Schließlich soll die Stunde beendet und nicht in die Stunde eingeführt werden.

Entscheidend ist letztendlich, dass das Ende zum Inhalt und zum tatsächlichen Verlauf der vorgehenden Stunde passt. Aus diesem Grund sollten bei der Planung der Stunde gegebenenfalls mehrere Spiele überlegt sein, die je nach Verlauf der Stunde und der verbleibenden Restzeit gespielt werden können.

Zur besseren Übersicht werden die nachfolgenden Spiele zum Stundenende in folgenden Kapiteln vorgestellt:

1. Spiele für ein ruhiges Ende
2. Spiele für einen freudvollen Abschluss
3. Spiele zum Austoben und Auslaufen
4. Spiele für einen gemeinsamen Schluss
5. Spiele, Übungen und Routinen zum ganz schnellen Abschluss
6. Spiele zum Stundenende ohne Spielleiter

Spiele für ein ruhiges Ende

Spiele zum Stundenende erfüllen eine wichtige Funktion der Stunde, indem sie die TN beruhigen (innerunterrichtliche Funktion). Zudem haben sie, zumindest in der Schule, eine innerschulische Funktion, indem sie die TN nicht „überdreht" und „verschwitzt" in den weiteren Unterricht entsenden. Oft ist es auch für die TN sehr erholsam, wenn sich nach einem sehr aktiven, anstrengenden oder lauten Hauptteil eine leise und ruhige Phase anschließt, in der sich die TN erholen können. Spiele für ein ruhiges Ende versuchen folglich einen ruhigen und freudvollen Abschluss der Stunde zu inszenieren. Hierfür eignen sich in besonderer Weise viele Wahrnehmungsspiele aus den Bereichen der auditiven und taktilen Wahrnehmung, weil die TN dort konzentriert und ruhig sein müssen. Auch vorsichtige Berührungs- und Massagespiele oder entsprechende Übungen sind geeignet.

Zauberball / Schlaftiere

Spielort: Halle, Klassenraum, trockener Sportplatz

Material: 2–4 Softbälle oder Stofftiere

Spielidee und Grundregeln:
Je nach Größe der Lerngruppe erhalten zwei bis vier TN einen Zauberball. Alle anderen verteilen sich in der Halle und suchen sich einen Schlafplatz. Wenn alle TN ruhig liegen und die Augen geschlossen haben, verteilen die „Zauberer" die Zauberbälle, indem sie jeweils einen Ball einem besonders ruhigen TN auf den Rücken legen. Sobald der Zauberer seinen Ball aus der Hand gelegt hat, legt er sich neben den TN und schließt die Augen. Die TN, die den Zauberball bekommen haben, stehen auf und legen ihn bei einem anderen Kind erneut ab.

Hinweise zur Organisation, Methodik und Sicherheit:

–

Variationen:

Nachdem ein Zauberer seinen Ball abgelegt hat, geht er leise und langsam in die Umkleidekabine.

Schlaftiere

Stofftiere sind geeigneter als Bälle, weil diese nicht so einen hohen Aufforderungscharakter haben, besser auf dem Rücken liegen bleiben und ans ‚Schlafen' erinnern.

Schleicher

Spielort: Halle, (Klassen-)Raum, trockene Wiese oder Pausenhof im Sommer

Material: kein

Spielidee und Grundregeln:
Alle TN sitzen gleichmäßig und im Schneidersitz in einem Innenstirnkreis. Ungefähr jede/r vierte bis fünfte TN steht auf und ist ein Schleicher. Nun schließen alle Sitzenden die Augen und die Schleicher beginnen leise um den Kreis und somit um die Sitzenden herum zu gehen. Dazu sagt anfangs die Spielleitung, später ein Schüler/eine Schülerin sehr langsam den Spruch „Die Schleicher können im Kreise gehen, doch bei 3 bleiben sie stehen. 1 – 2 – 3!“ Jetzt müssen die Schleicher hinter einem Sitzenden stehen. Dabei waren sie bemüht, sich so leise wie möglich anzuschleichen. Die Sitzenden lassen noch die Augen zu und melden sich, wenn sie glauben, dass hinter ihnen jemand steht. Der Spielleiter sagt: „Lass die Augen bitte noch geschlossen. Wenn du glaubst, dass hinter dir ein Schleicher steht, hebst du den Arm.“ Erst danach und auf Kommando dürfen die Augen geöffnet werden. Stimmt die Vermutung, werden die Rollen der Spielenden gewechselt. Hat der Sitzende den Schleicher nicht bemerkt, kann der Schleicher noch eine Spielrunde schleichen.

Hinweise zur Organisation, Methodik und Sicherheit:
Wie viele andere Wahrnehmungsspiele auch beruhigt dieses Spiel die TN zum Beispiel nach einer aufregenden oder anstrengenden Sportstunde. Wenn jemand die Augen nicht schließen möchte, kann dies ruhig zugelassen werden. Im weiteren Verlauf schließen auch solche Spielenden von selbst die Augen, da sich kein Schleicher hinter jemanden mit offenen Augen stellen wird (Selbstregulation des Spielverlaufs). Da die TN im Kreis sitzen, eignet sich dieses Spiel hervorragend, um bei Bedarf noch ein kurzes Unterrichtsgespräch im Kreis anzuschließen.

Variationen:
Die TN dürfen die Schuhe ausziehen.

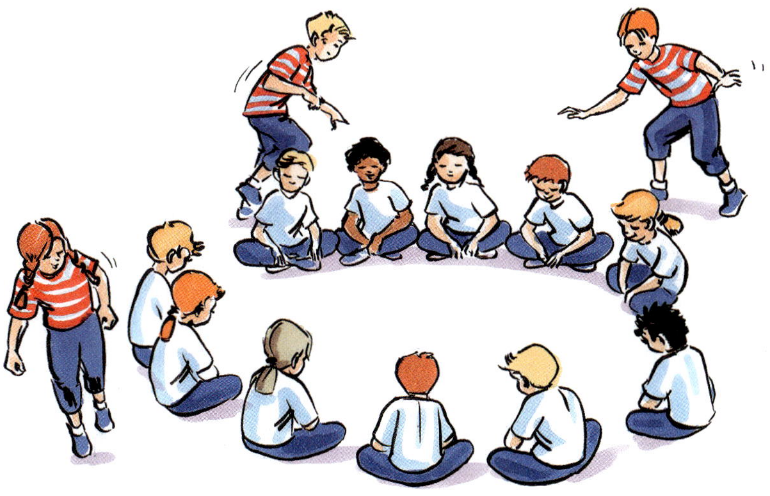

Stiller Spion

Spielort: Halle, großer Raum, ruhiger Pausenhof

Material: kein

Spielidee und Grundregeln:
Ein TN (ggf. auch ein Paar, das sich an den Händen hält) wird zum Stillen Spion ernannt. Der Stille Spion ist ein gesuchter Geheimagent. Nur er kann sehen, alle anderen TN sind blind und halten die Augen geschlossen.
Zunächst verteilen sich alle TN im Raum und schließen die Augen. Der Stille Spion wird jetzt leise von der Spielleitung ausgewählt. Wenn der Hallenboden sehr quietscht, bietet es sich an, dass der Stille Spion schon zuvor ausgewählt wurde und er sich leise seinen Platz sucht, während die TN die Augen zu haben und die Spielleitung laut redet.
Nun beginnt die Agentenjagd, indem die Spielleitung laut sagt: „Der Stille Spion darf vier Schritte gehen!“ Der Stille Spion geht vier Schritte. Die Spielleistung wieder: „Die Jäger dürfen drei Schritte gehen!“ Alle TN – bis auf den Stillen Spion – gehen drei Schritte. Nun ist wieder der Stille Spion an der Reihe und die Spielleitung überlegt, wie viele Schritte er gehen darf. In diesem Wechsel entsteht eine Jagd bei dem es für den Stillen Spion meist immer enger wird, weil die Agenten ihn hören können. Wenn der Stille Spion von einem Agenten berührt wird, ist dieser gefangen.

Hinweise zur Organisation, Methodik und Sicherheit:
Wenn die TN zu zielstrebig auf den Stillen Spion zu gehen, blinzeln sie meist und sollten freundlich auf die Spielregeln hingewiesen werden.

Variationen:
- Der neue Stille Spion kann derjenige Agent sein, der zuvor den Stillen Spion gefangen hat. Besser ist es jedoch, wenn hier auch andere Varianten gespielt werden (Jungen und Mädchen abwechselnd, durch den Stillen Spion oder durch den Spielleiter bestimmt usw.).
- Der Stille Spion kann auch ein Ziel haben: Zum Beispiel versucht er von einer Hallenseite zur anderen zu gelangen und die TN versuchen, dies zu verhindern.

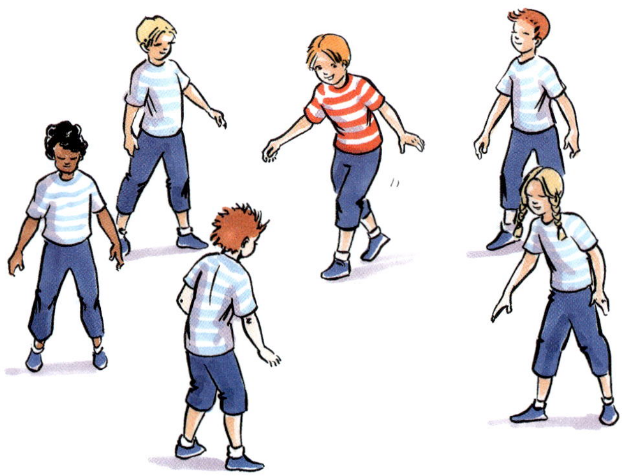

Fotograf und Kamera

Spielort: Halle, Sportplatz, Freigelände, Pausenhof, Klassenraum

Material: kein

Spielidee und Grundregeln:
Die TN gehen paarweise zusammen. Einer ist der Fotograf, der andere stellt die Kamera dar. Die Kamera schließt die Augen. Der Fotograf führt sie nun je nach Alter der TN und Zeit an fünf bis zehn verschiedene Orte. Dort drückt der Fotograf kurz auf den Auslöser. Die Kamera fotografiert und merkt sich das sichtbare Bild (ein Schild, eine Türklinke usw.). Wenn der Film voll ist, öffnet die Kamera die Augen und berichtet dem Fotografen, was fotografiert wurde. Danach wechseln die Partner die Rollen.

Hinweise zur Organisation, Methodik und Sicherheit:

–

Variationen:

Bei älteren TN (ab ca. 12 Jahren) kann die Kamera auch versuchen, die Bilder mit geschlossen Augen wiederzugeben. Das ist aber nicht einfach.
Je nach Vereinbarung kann der Fotograf die Kamera führen und über Sprache oder nur über taktile Signale steuern, z.B. geradeaus gehen → Berührung im Rücken, links oder rechts → Tippen auf die Schulter, Auslöser → leichte Berührung am Kopf.

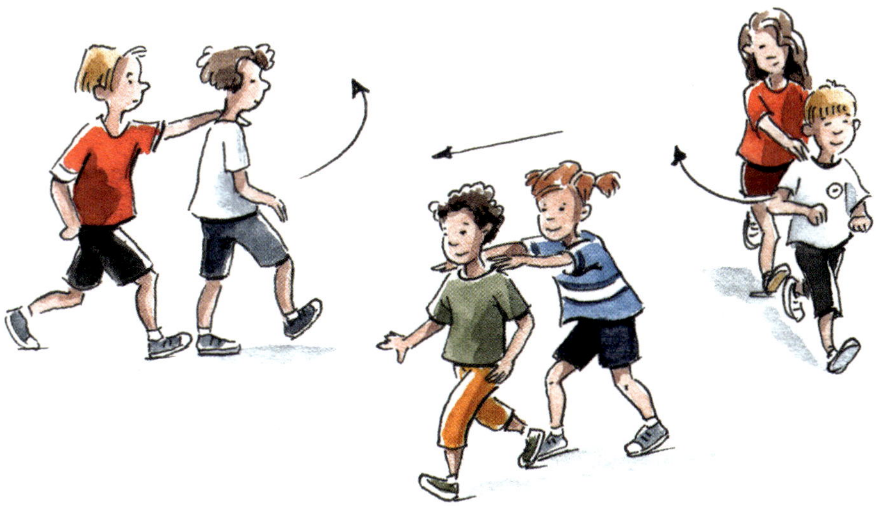

Pizzabäcker / Wettermassage

Spielort: Halle, Klassenraum, ggf. im Stehen auf dem Pausenhof

Material: kein

Spielidee und Grundregeln:
Alle TN suchen sich einen Partner. Einer legt sich ganz entspannt auf den Bauch. Nun beginnt der andere so zu tun, als ob er auf dem Rücken des Partners eine Pizza backen würde. Er knetet den Teig und rollt ihn aus. Dann wird eine Schicht Tomatensoße verteilt. Anschließend wird die Pizza je nach Geschmack mit verschiedenen Dingen belegt und gewürzt. Die Handlungen und Zutaten werden durch Kneten, Trommeln, Warmrubbeln auf dem Rücken des Partners dargestellt.

Hinweise zur Organisation, Methodik und Sicherheit:

–

Variationen:

- Ähnliche Massagen sind mit anderen Rahmenhand- lungen möglich, wie Wetterbericht, Tiergeschichten usw.
- Die Pizza kann auch gemeinsam in der Gruppe ge- backen werden. Dazu sitzen oder stehen die TN in einem engen Kreis und drehen sich so, dass der hin- tere den Rücken massieren kann.
- Wenn TN andere Kinder ungern berühren oder die Beine in der Stunde besonders intensiv belastet wurden, kann auch folgende Variationen sinnvoll sein. Die TN sitzen in einem Innenstirnkreis und strecken die Beine zur Mitte. Jetzt massieren sie ihre eigenen Beine bzw. backen Pizza auf ihren Beinen.

Heulbojen in der Nacht / Zauberwald

Spielort: Halle, Sportplatz, Freigelände, Pausenhof

Material: kein

Spielidee und Grundregeln:
Ein Teil der Gruppe, entweder die Hälfte oder ein Drittel, sind Heulbojen, die sich auf der Spielfläche verteilen. Die anderen TN stehen auf einer Hallenseite. Sie sind Schiffe, die über das Meer fahren wollen, doch es wird dunkel. Die Schiffe schließen die Augen. Die Heulbojen dürfen noch ein Mal ihren Platz verändern, dann fahren die Boote langsam los. Immer, wenn sie in die Nähe einer Boje kommen, macht diese ein Geräusch, pfeift, heult oder hupt. Die Schiffe versuchen so, ohne eine Heulboje zu berühren das Meer zu überqueren. Danach wechseln die TN die Rollen.

Hinweise zur Organisation, Methodik und Sicherheit:
Der Spielleiter achtet auf die Schiffe, sodass diese nicht gegen eine Wand gehen.

Variationen:

Zauberwald
Statt Heulbojen im Meer kann die Rahmenhandlung des Spiels auch in einem Zauberwald stattfinden, indem knorrige, alte Bäume stehen, die ganz leise wispern, rascheln oder knarren.

Goofy

Spielort: Halle, großer Raum, ruhiger Pausenhof

Material: kein

Spielidee und Grundregeln:
Alle TN sind orientierungslos, nur Goofy kann sie retten. Goofy ist der einzige Sehende, alle anderen haben die Augen geschlossen und gehen leise durch den Raum. Begegnen sie jemandem, fragen sie immer: „Goofy?“ Ist der andere nicht Goofy, muss auch er fragen: „Goofy?“ Nur Goofy antwortet nicht, daran können die TN ihn erkennen.
Hat ein TN Goofy gefunden, darf er die Augen öffnen und legt seine Hände auf die Schulter von Goofy. So bildet sich eine immer längere (sehende) Schlange, die auch „Goofy“ ist, bis alle Goofy gefunden haben.

Hinweise zur Organisation, Methodik und Sicherheit:
Wenn jüngere TN mal blinzeln, ist dies für die Sicherheit der TN durchaus zu tolerieren. Mit zunehmender Spielerfahrung sollten die TN jedoch versuchen, die Augen geschlossen zu halten.

Variationen:
–

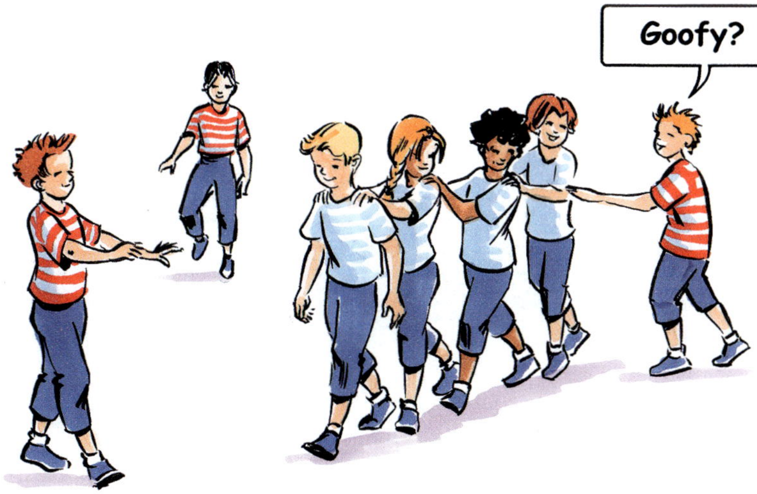

Waschstraße

Spielort: Halle, Sportplatz, Freigelände, Pausenhof, Klassenraum

Material: ggf. Rollbretter

Spielidee und Grundregeln:
Alle TN bilden eine Gasse. Ein TN nennt ein Auto und sagt, wie dreckig es ist. Danach geht er langsam durch die Gasse hindurch. Die TN in der Gasse sind der „Schaum“, die gegebenenfalls harten und weichen „Bürsten“, das „Wasser“, der „Föhn“ und der „Wachsauftrag“. Wenn der TN hinten angekommen ist, reiht er sich in die Gasse ein und ein anderer TN ist das Auto.

Hinweise zur Organisation, Methodik und Sicherheit:
Die TN sollten rücksichtsvoll miteinander umgehen. Das Tempo des Waschgangs bestimmt jedes Auto weitgehend selbst. Es sollte nur nicht zu einem Stau kommen, wenn mehrere Autos gleichzeitig gewaschen werden.
Je nach Größe der Lerngruppe kann auch in Kleingruppen von 6-12 TN gearbeitet werden.

Variationen:
In der Halle können die TN sich auf Rollbretter legen und langsam durch die Waschstraße rollen.

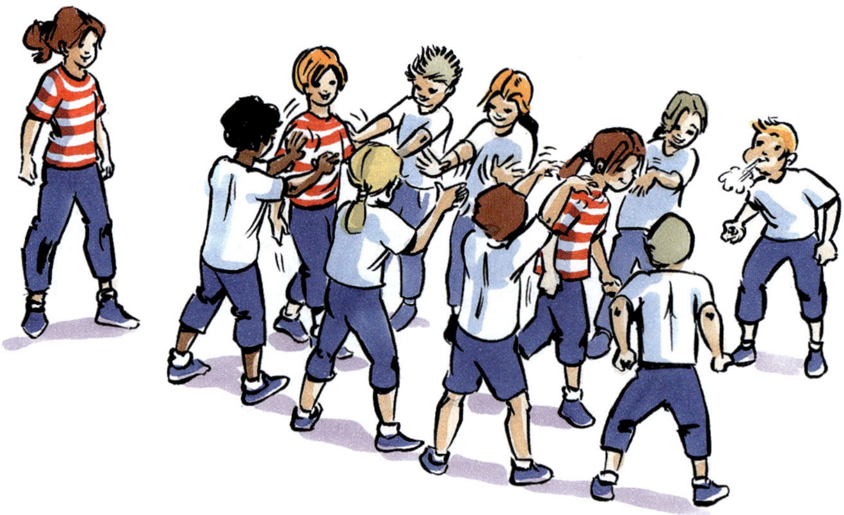

Stille chinesische Mauer / Elektrischer Zaun

Spielort: Halle, Sportplatz, Freigelände, Pausenhof

Material: kein

Spielidee und Grundregeln:
Die Lerngruppe wird in zwei Teams aufgeteilt. Eine Mannschaft bildet die chinesische Mauer (Fänger). Dazu stellen die TN sich nebeneinander auf eine Linie. Die Spieler in der Mauer haben die Augen geschlossen und die Spieler der anderen Mannschaft versuchen, durch die Lücken in der Mauer auf die andere Seite zu schleichen, ohne von den Fängern in der Mauer berührt zu werden. Die Mauer muss dabei still stehen.

Hinweise zur Organisation, Methodik und Sicherheit:

–

Variationen:

- Eine Lücke, die von einem TN erfolgreich genutzt wurde, ist danach gesperrt.
- Kinder mögen auch die Variante „Elektronischer Zaun“. Diese wird genauso gespielt, nur dass die TN, die den Zaun berühren, einen „Stromschlag“ bekommen. Hierbei fängt zunächst der berührte TN und dann der ganze Zaun an zu vibrieren.

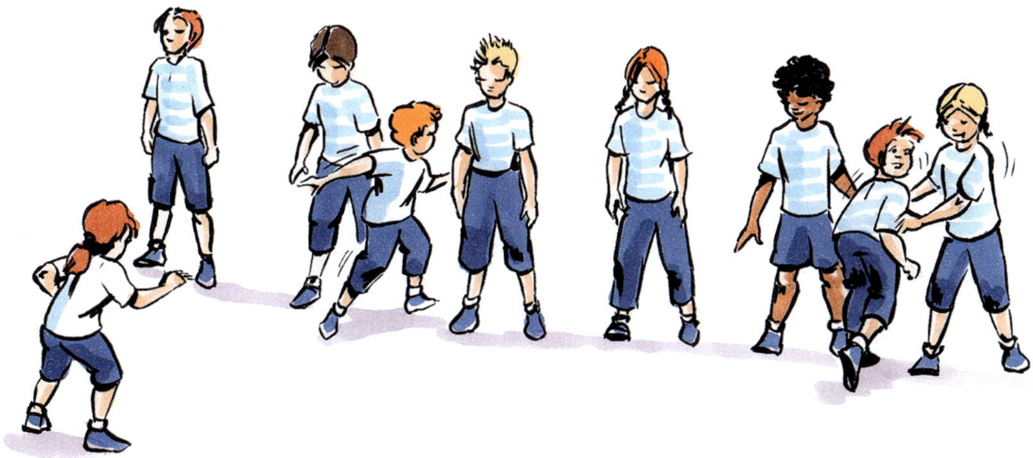

Dirigentenraten

Spielort: Halle, Sportplatz, Freigelände, Pausenhof, Klassenraum

Material: kein

Spielidee und Grundregeln:
Ein oder zwei TN verlassen kurz die Gruppe (Konzertkritiker). In der Zeit bestimmt diese einen Dirigenten. Nun beginnt das „Konzert“. Der Dirigent macht verschiedene Bewegungen vor und die TN ahmen diese nach. Die Konzertkritiker werden geholt und versuchen nun herauszufinden, wer der Dirigent ist.

Hinweise zur Organisation, Methodik und Sicherheit:
Gegebenenfalls ist die Regel sinnvoll, dass die Konzertkritiker nur drei Mal raten dürfen.

Variationen:
–

Regen

Spielort: Halle, ggf. Klassenraum

Material: kein

Spielidee und Grundregeln:
Alle TN sitzen gleichmäßig am besten im Schneidersitz auf dem Boden. Die TN schließen die Augen. Die Spielleitung beginnt die Hände aneinander zu reiben. Danach beginnen die anderen Spieler einzeln im Uhrzeigersinn ebenfalls mit dem Geräusch. Die Spieler sollen hören, wann der Spieler rechts von ihnen das Element ausführt und dann dieses nachmachen. So wandern die Geräusche im Kreis. Ein Geräusch wird dabei so lange ausgeführt bis ein neues Geräusch auf der rechten Seite zu hören ist. Sobald das erste Geräusch beim Lehrer ankommt, beginnt dieser mit dem nächsten Element. Die Spieler machen aber so lange das erste Geräusch bis von ihrem rechten Nachbar das zweite Geräusch zu hören ist.
Ein typischer Ablauf zum Thema Regen könnte wie folgt aussehen:

- „Wolken ziehen herbei und Wind kommt auf“: Die Spieler reiben ihre Hände aneinander.
- „Leichter Regen setzt ein und einzelne Regentropfen fallen“: Die Spieler schnipsen mit den Fingern.
- „Starker Regen setzt ein“: Die Spieler tippen mit 2 Fingern oder klatschen je nach Schulsituation mit der flachen Hand auf den Boden.
- „Der Regen wird wieder weniger“: Die Spieler schnipsen mit den Fingern.
- „Der Regen hört auf und Wind setzt ein“: Die Spieler reiben wieder ihre Hände aneinander.
- „Die Wolken sind fort, es wird wieder ganz still“: Die TN hören nach der Reihe wieder auf, wenn der rechte Nachbar / die rechte Nachbarin kein Geräusch macht. Alle TN werden nacheinander leise, bis es am Ende ganz ruhig ist.

Hinweise zur Organisation, Methodik und Sicherheit:
Wichtig: Alle Geräusche beim ersten Mal zuvor im Kreis vormachen.

Variationen:
Weitere Variationen zum Thema Wetter sind möglich. Bei Gewitter kann gedonnert werden (mit dem Fuß stampfen oder mit den Händen auf den Boden trommeln). Bei Sturm kann Wind nachgeahmt werden usw. Wichtig ist aber stets, dass es gegen Ende wieder ruhig und ganz leise wird.

Eigentlich sollten alle Spiele am Stundenende einen freudvollen Abschluss sicherstellen, damit die Stunde zu einem guten Ende kommt. Es gibt aber Spiele, in denen dies etwas mehr im Vordergrund steht als in anderen Spielformen. Die nachfolgenden Spiele erzeugen vor allem Freude, Spaß, Gelächter und sorgen so für einen zufriedenstellenden Abschluss der Stunde. Sie sind folglich besonders geeignet, die TN für eine gute Mitarbeit zu belohnen oder sie mit der Stunde zu versöhnen, beispielsweise wenn Konflikte auftraten oder Sieg und Niederlage noch verdaut werden müssen.

Krokodile im Sumpf

Spielort: Halle, großer Raum

Material: Fallschirm

Spielidee und Grundregeln:
Alle TN sitzen im Innenstirnkreis und halten einen Fallschirm, den sie leicht bewegen. Der Fallschirm ist ein Sumpf. Die Beine befinden sich im Sumpf (Langsitz mit den Füßen unter dem Fallschirm). Im Sumpf (unter dem Fallschirm) kriechen ein oder auch zwei Krokodile. Diese „fressen" die Sitzenden auf, indem sie die TN an beiden Füßen fassen und unter den Fallschirm ziehen. Mehr Spaß macht das Spiel, wenn die TN in dem Moment in dem sie vom Krokodil „gefressen" werden laut aufschreien.

Hinweise zur Organisation, Methodik und Sicherheit:
–

Variationen:

a) Wenn ein Krokodil einen TN gefressen hat, tauschen beide die Rollen. Damit jeder TN an die Reihe kommt, empfiehlt es sich, dass sich diejenigen, die bereits ein Krokodil waren, im Schneidersitz statt im Langsitz hinsetzen. So können sie nicht mehr gefressen werden.
b) „Gefressene" TN werden auch zu Krokodilen, bis jeder gefressen wurde. Das Spiel endet auf diese Weise nach ca. 2–3 Minuten, da alle Beteiligten Krokodile sind und sich unter dem Fallschirm befinden. Wenn sich nun alle auf den Rand des Fallschirms setzen und sich ein Kind in der Mitte aufstellt, entsteht ein Zelt und damit eine schöne gemeinsame Atmosphäre. Diese kann die Spielleitung für kurze Hinweise und das Ende der Sportstunde nutzen.

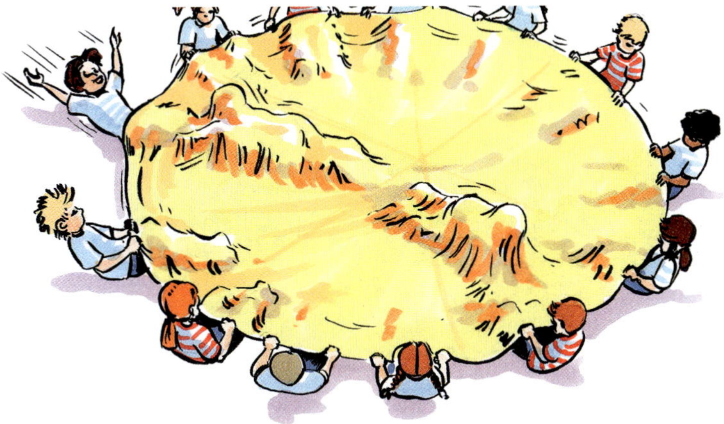

Rübenziehen (Zahnarzt, Sternenbrecher)

Spielort: Halle, ggf. Klassenraum

Material: kein

Spielidee und Grundregeln:
Die TN legen sich auf den Bauch in einen Kreis und halten sich an den Händen fest (sich mit den Ellenbogen einhaken sollte nicht erlaubt sein). Die Füße/Beine der „Rüben" zeigen nach außen. Ein oder zwei TN oder auch die Lehrperson gehen herum und versuchen einzelne Kinder aus diesem Kreis, wie ein Bauer die Möhren, heraus zu ziehen. Wer herausgezogen wurde, kann nun mithelfen, andere TN herauszuziehen.

Hinweise zur Organisation, Methodik und Sicherheit:
Achtung: Sowohl das Ziehen als auch das Gezogen werden birgt Gefahren. Die Ziehenden sollten mit geradem Rücken ziehen, um hohe Belastungen der Wirbelsäule zu vermeiden. Zugleich dürfen die Füße der anderen nicht über Kniehöhe angehoben werden, damit die Gefahr der unphysiologischen Belastung durch starke Hohlrückenstellung bei den Liegenden ausgeschlossen wird. Auch sollte immer an beiden Beinen gezogen werden, um einseitige Belastungen zu vermeiden.

Variationen:
a) Haben nach zwei Minuten der Bauer und seine Helfer alle Möhren gezogen, haben diese gewonnen. Ist dies nicht gelungen, sind die Möhren die Gewinner.
b) Wer aus dem Kreis gezogen wurde, darf sich schon umziehen gehen. Für diese Variante empfehlen sich mehrere Bauern.

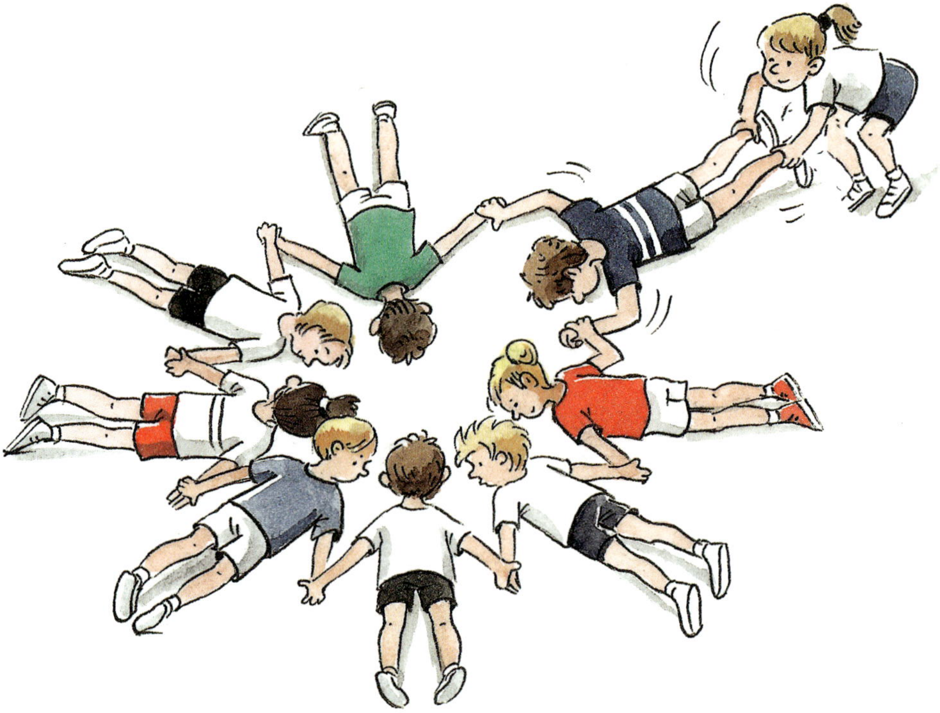

Fuchs-Gans-Brennnessel

Spielort: Halle, Sportplatz, Freigelände, Pausenhof

Material: kein

Spielidee und Grundregeln:
Dieses Spiel ist eine lustige, weil unbekanntere Variante des im ersten Teil beschriebenen Schnick-Schnack-Schnuck-Fangens. Auch hier sind wieder drei Zeichen möglich, allerdings sind diese größer, besser zu erkennen, lustiger und leichter zu verstehen.

- Als Fuchs werden die Hände hinter den Kopf, wie die großen Ohren eines Fuchses, gehalten.
- Als Gans werden die Hände, wie der Schnabel einer Gans, vor den Mund gehalten.
- Und als Brennnessel hält man die Hände neben das Becken und bewegt diese zitternd hin und her.

Der Fuchs fängt die Gans, die Gans fängt die Brennnessel und die Brennnessel fängt den Fuchs.

Hinweise zur Organisation, Methodik und Sicherheit:
Grundsätzlich ist es sicherer, wenn der Spielleiter für alle das Kommando gibt. Im Sinne einer Erziehung zur Selbstständigkeit und um die Intensität zu steigern, können und sollten sich die Spielpartner jedoch selbst ein Startsignal wie „Eins-Zwei-Drei!" geben, bei dem dann das Zeichen gezeigt wird. Die Laufwege der Spielpartner müssen jedoch genau festgelegt werden, damit sich die Spielenden nicht gegenseitig umrennen. Es empfiehlt sich, dass sich die TN der Gruppe in einer Gassenform aufstellen. Die Läufer dürfen nur gerade weglaufen und müssen in ihrer Bahn auch wieder zurückgehen. Eine hohe Unfallgefahr besteht, wenn sich die TN hieran nicht halten. Dann kann es passieren, dass gerade startende Schüler die Zurückkommenden umrennen.

Variationen:
Statt einzelnen Paaren spielen Kleingruppen oder sogar die gesamte Gruppe gemeinsam. Hierbei einigen sich die beiden Teilgruppen im Geheimen auf ein Zeichen. Jede Gruppe muss jetzt auf Kommando des Spielleiters ihr Zeichen (Fuchs, Gans oder Brennnessel) zeigen. Dieses Spiel eignet sich für das Ende einer Sportstunde, weil es wenig bewegungsintensiv, aber dafür sehr kommunikativ ist. Gefangene TN wechseln die Mannschaft.

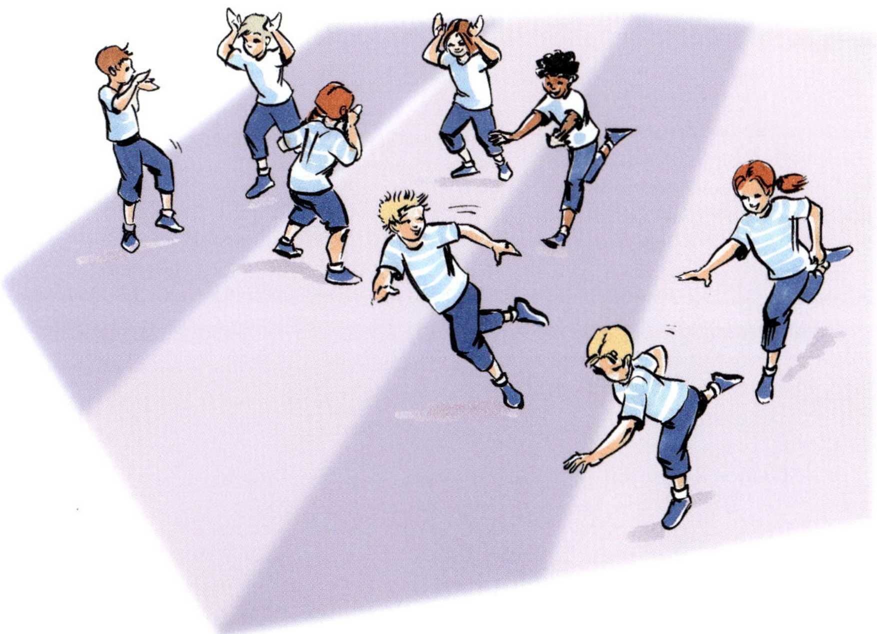

Pantomimenlauf

Spielort: Halle, Sportplatz, Freigelände, Pausenhof

Material: Altersgemäße, leichte Begriffe oder ein Pantomimespiel, z. B. von Haba

Spielidee und Grundregeln:
Die Lerngruppe wird in zwei bis vier Mannschaften aufgeteilt. Alle TN einer Mannschaft bis auf zwei Pantomimen laufen einmal durch die Halle (Runden) oder um einen Pylonen. Kommen die Läufer wieder beim Ausgangspunkt an, beginnen die Pantomimen mit der Darstellung des Begriffes. Sie konnten die Zeit zuvor nutzen, um zu überlegen, wie der Begriff dargestellt werden könnte. Wird der Begriff richtig erraten, laufen wieder alle los und zwei andere Spieler sind die neuen Pantomimen.

Hinweise zur Organisation, Methodik und Sicherheit:
Es laufen jeweils alle TN, um die Intensität zu erhöhen. Zudem ist es von Vorteil bei Kindern und Jugendlichen stets zwei Pantomimen zu bestimmen. Hierdurch ist der Druck auf die Darsteller nicht zu groß.
Die Gruppen können die gleichen Begriffe raten. Diese sollten aber in unterschiedlicher Reihenfolge gespielt werden.
Bewährt haben sich auch Pantomimekarten, beispielsweise von Haba.

Variationen:
Die Staffel kann beendet sein, wenn jeder der TN ein oder zwei Mal einen Begriff dargestellt hat. Oder jede Gruppe bekommt eine gleiche Anzahl von Begriffen, die frei von TN der Gruppe dargestellt werden kann. Hierbei sollte aber die Regel gelten, dass kein TN zweimal hintereinander Begriffe vorspielen darf.

Vampire in der Nacht

Spielort: Halle, Sportplatz, Freigelände, Pausenhof

Material: kein

Spielidee und Grundregeln:
Mit einer kurzen Geschichte leitet der Spielleiter das Spiel ein, dann schlägt die Turmuhr 12 Uhr und die Stunde der Vampire beginnt. Alle TN gehen langsam mit geschlossenen Augen durch den Raum. Der Spielleiter bestimmt leise einen TN zum Vampir und jetzt beginnt die Nacht der Vampire. Treffen die TN aufeinander, schreien sie immer sehr laut: Die Menschen kreischen ängstlich aber laut vor Schreck – die Vampire brüllen gruselig und blutrünstig. Auf diese Weise können sich alle TN immer mit geschlossenen Augen erkennen, gleichgültig, ob sie Mensch oder Vampir sind. Wichtig ist:

- Trifft ein Mensch auf einen Menschen, passiert nichts, beide bleiben Menschen.
- Trifft ein Mensch auf einen Vampir, wird auch der Mensch zum Vampir.
- Treffen zwei Vampire aufeinander, werden beide wieder zu Menschen.

Wenn die Turmuhr wieder schlägt endet die Nacht und alle Vampire werden durch die Sonne wieder in Menschen zurückverwandelt.

Hinweise zur Organisation, Methodik und Sicherheit:
In der Regel gehen die TN stets dorthin, wo es am lautesten ist, sodass kaum Gefahren für die TN bestehen. Manchmal wandern aber einige TN orientierungslos durch die Halle. Hier muss der Spielleiter aufpassen, diese vor Gefahren schützen und sie vorsichtig wieder in das Spielgeschehen leiten.

Variationen:
–

Mattenrutschen

Spielort: Halle, Sportplatz, Freigelände, Pausenhof

Material: ein ggf. zwei rutschige Weichböden

Spielidee und Grundregeln:
Ein Weichboden wird in der Mitte der Halle auf seine rutschige Seite gelegt. Die Lerngruppe wird in zwei Mannschaften geteilt. Durch gezielte Bauch- oder Sitzsprünge auf den Weichboden rutscht dieser, was den TN häufig viel Freude bereitet. Ein, zwei oder drei TN können dabei gleichzeitig anlaufen und springen. Die Gruppen wechseln sich ab, sodass der Weichboden zwischen den Mannschaften hin und her rutscht. Aus dieser Grundform kann leicht ein Wettkampf entstehen, bei dem die gegnerischen Parteien versuchen den Weichboden über eine Markierung im Feld der anderen Partei rutschen zu lassen.

Hinweise zur Organisation, Methodik und Sicherheit:

Sollte der Weichboden nicht richtig ins Rutschen kommen, können ein oder zwei Rollbretter die Rutschfähigkeit vergrößern. Achtung, der Weichboden sollte nicht rollen, sondern nach wie vor rutschen.
Wenn mehrere TN zugleich anlaufen, sollten diese in der Lage sein, gleichzeitig auf den Weichboden zu springen. Dies muss geübt werden, da ansonsten Verletzungen entstehen können, wenn ein TN später als die anderen springt und dadurch auf dem Hallenboden landet. Es kann hilfreich sein, wenn sich alle Springenden an den Händen halten und gemeinsam laufen. So hat die Gruppe ein Tempo. Meist kommen die Kinder aber selbst auf diese Idee und handeln aus dem Spiel heraus so kooperativ.
Der Spielleiter muss darauf bedacht sein, dass nicht von beiden Seiten gleichzeitig die TN aus Übermut anlaufen und springen.

Variationen:

- Zwei Teams rutschen mit je einer Matte in dieselbe Richtung. Wer zuerst eine Markierung erreicht hat gewinnt. Achtung; Ausreichend Platz zwischen den Matten lassen.

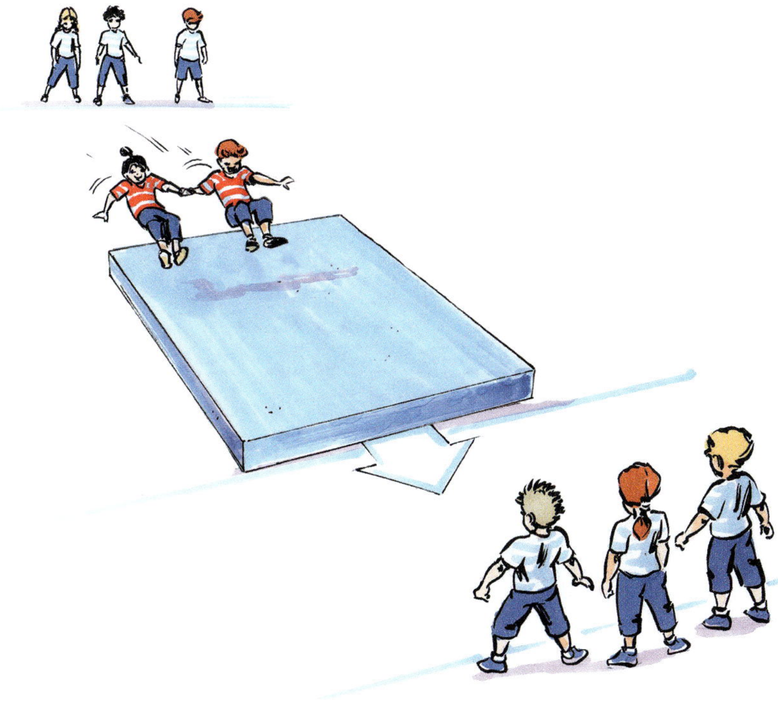

Toaster

Spielort: Halle, Sportplatz, Freigelände, Pausenhof

Material: kein

Spielidee und Grundregeln:
Alle TN stehen im Kreis. Ein TN steht in der Mitte und zeigt auf einen TN im Kreis. Nun muss dieser und seine beiden Nachbarn stets zu dritt jeweils das Bild darstellen, welches ihnen vom TN in der Mitte zugerufen wird. Macht dabei jemand einen Fehler, muss dieser in die Mitte.

- Toaster:
  Mitte springt, Nachbarn halten die Arme um Mittleren
- Hase:
  Mitte zeigt Ohren und Zähne, Nachbarn scharren mit den Füßen
- Waschmaschine:
  Mitte dreht den Kopf, Nachbarn bilden Waschmaschine
- Elefant:
  Mitte zeigt Rüssel, Nachbarn machen mit den Armen die Ohren
- Stewardess:
  Mitte grüßt und winkt, Nachbarn zeigen auf die Gangway
- Schlange:
  Mitte züngelt, Nachbarn schlängeln sich an der Mitte hoch
- Affe:
  Mitte trommelt auf der Brust, Nachbarn kratzen sich unter den Armen
- Schlittenhund:
  Mitte hechelt, Nachbarn heben Bein zum Pinkeln

Hinweise zur Organisation, Methodik und Sicherheit:
In der Regel sollten zu Beginn zunächst drei oder vier Bilder eingeführt werden. Später sollten nach einer gewissen Spielzeit weitere Ideen der TN aufgegriffen und in das Spiel integriert werden.

Variationen:
–

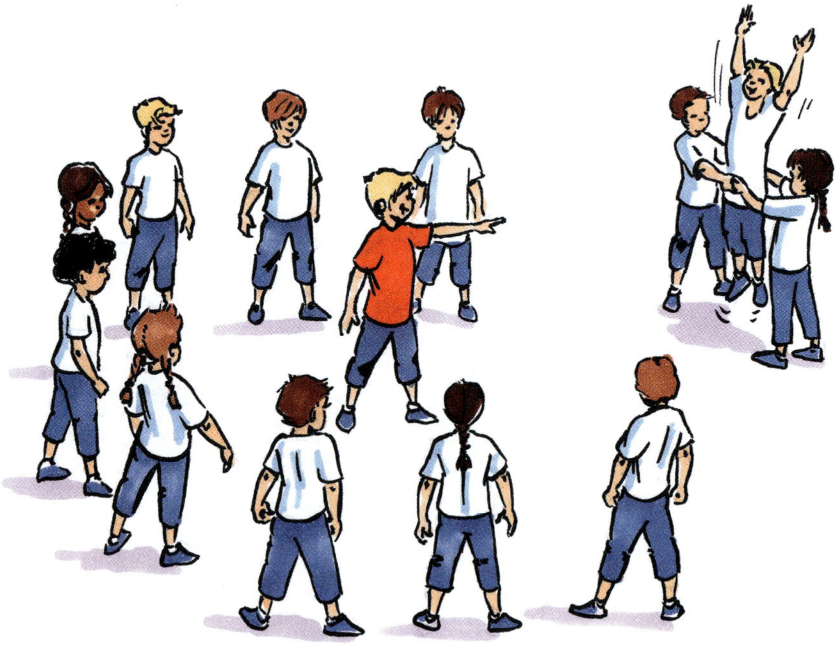

Rot berühren

Spielort: Halle, Sportplatz, Freigelände, Pausenhof

Material: kein

Spielidee und Grundregeln:
Alle TN laufen zur Musik durch die Halle. Stoppt die Musik, ruft der Spielleiter eine Zahl zwischen 4 und 8. Die TN finden sich schnell in ihren Gruppen. Zeitgleich gibt der Spielleiter Anweisungen, die jeder bei einem anderen seiner Gruppe umzusetzen versucht:

- Berühre etwas Blaues!
- Berühre etwas Rotes mit dem rechten Fuß!
- Berühre etwas Weißes mit der Nase!
- Berühre etwas ...

Diese Anweisungen gehen solange, bis eine Gruppe den Anweisungen nicht mehr folgen kann oder umfällt.

Hinweise zur Organisation, Methodik und Sicherheit:

–

Variationen:

–

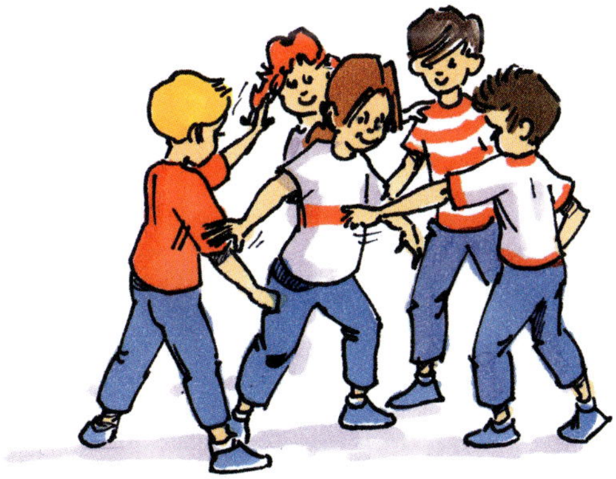

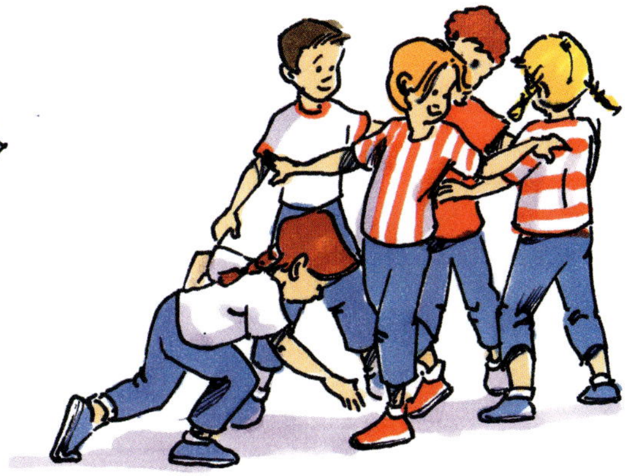

Der Häuptling und sein Schatz / Hundeknochen / Stachelschwein

Spielort: Halle, Klassenraum, im Stehen auch Sportplatz, Freigelände, Pausenhof

Material: Turnmatte, Schatz: kleine Spielgeräte, Muggelsteine, ggf. auch Obst, Bonbons, „kleine Schätze“

Spielidee und Grundregeln:
Die Lerngruppe sitzt um eine Turnmatte herum. Auf der Turnmatte befindet sich ein Mitspieler, der Häuptling. Der Häuptling hat die Augen verbunden bzw. geschlossen. Um ihn herum liegt der Schatz. Nun versucht ein Spieler aus der Gruppe etwas von dem Schatz zu stehlen. Hört der Häuptling den sich Anschleichenden, ruft er „STOP!“ und zeigt die Richtung an, aus welcher er das Geräusch gehört hat. Der Ertappte muss zurück auf seinen Platz. Gelingt es einem Spieler, sich lautlos anzuschleichen, darf er sich einen Teil vom Schatz nehmen und schleicht zurück. Das Spiel ist beendet, wenn der Schatz des Häuptlings geplündert ist.

Hinweise zur Organisation, Methodik und Sicherheit:

–

Variationen:

Hundeknochen

Auf der Matte schläft der Hund und bewacht seinen Knochen. Er darf den Knochen nicht berühren. Wer schafft es, dem Hund seinen Knochen zu stehlen?

Stachelschwein

In der Mitte sitzt ein Stachelschwein. Wer schafft es, seinen stacheligen Rücken kurz zu berühren?

Blindenfußball / Tippkick

Spielort: Halle, Sportplatz, Freigelände, Pausenhof

Material: Augenbinden oder Tücher, 1 oder 2 Bälle

Spielidee und Grundregeln:
Zwei Mannschaften spielen gegeneinander. In jeder Mannschaft werden Paare gebildet. Einer spielt blind, der andere versucht, diesen durch Zurufen von der Seite oder gegebenenfalls auch von der Spielfläche zu lenken. In jedem Fall dürfen sich die Paare nicht berühren und die Sehenden dürfen sich auch nicht ins Spiel einmischen.
Ein richtiges Fußballspiel kommt dabei selten zu Stande – aber in der Regel macht diese Spielform allen Beteiligten viel Spaß.

Hinweise zur Organisation, Methodik und Sicherheit:
Die Tore sollten niedrig, aber breit sein, sodass „Bolzen“ nicht belohnt wird, aber viele Tore fallen (z.B. Bänke).
Nach relativ kurzer Zeit (ca. 3 bis 5 Minuten) sollten die Rollen gewechselt werden, weil die Rolle des Blinden für viele TN sehr ungewohnt ist.

Variationen:

Tippkick

Beim Tippkick ist auch wieder einer blind. Die Paare dürfen nun aber nicht miteinander sprechen. Der Sehende versucht über taktile Signale (Schulter → rechts und links, Rücken → gerade aus gehen, Kopf → Schuss) den Spielenden zu steuern. Auch hier dürfen die Sehenden sich nicht in das Spiel einmischen, was manchen TN jedoch bei dieser Spielform schwer fällt.

Blind Date / Blinde Schneeballschlacht

Spielort: Halle, Sportplatz, Freigelände, Pausenhof

Material: Augenbinden

Spielidee und Grundregeln:
Die TN gehen zu Paaren zusammen. Einer von beiden ist der Werfer, der andere der Führer. Der Werfer bekommt die Augen verbunden. Viele Schaumstoffbälle, die auch bei einem Kopftreffer nicht wehtun dürfen, werden zur Verfügung gestellt. Die Paare versuchen sich nun gegenseitig abzuwerfen. Dabei dürfen die Führer nur den Werfer leiten, indem sie ihm sagen, was zu tun ist. Nur der Werfer darf werfen.
Nach ein paar Minuten werden die Rollen gewechselt.

Hinweise zur Organisation, Methodik und Sicherheit:
Dieses Spiel ist meist sehr freudvoll. Es sollte jedoch darauf geachtet werden, dass Treffer nicht schmerzhaft sein dürfen. Brillen sollten selbstverständlich abgezogen werden.

Variationen:
Bei jüngeren TN sind nur verbale Anweisungen sehr spielhemmend. Hier sollten die Führer den Werfer auch mit den Händen führen dürfen.

Blinde Schneeballschlacht
Viel Freude macht das Spiel auch im Winter im Schnee. Hierzu sollten die TN aber wintergerecht gekleidet sein, die Schneedecke muss dick genug und weich sein, sodass sicher gestellt ist, dass keine Steine geworfen werden können. Auch ist das Formen von sehr harten Schneebällen selbstverständlich nicht erlaubt.

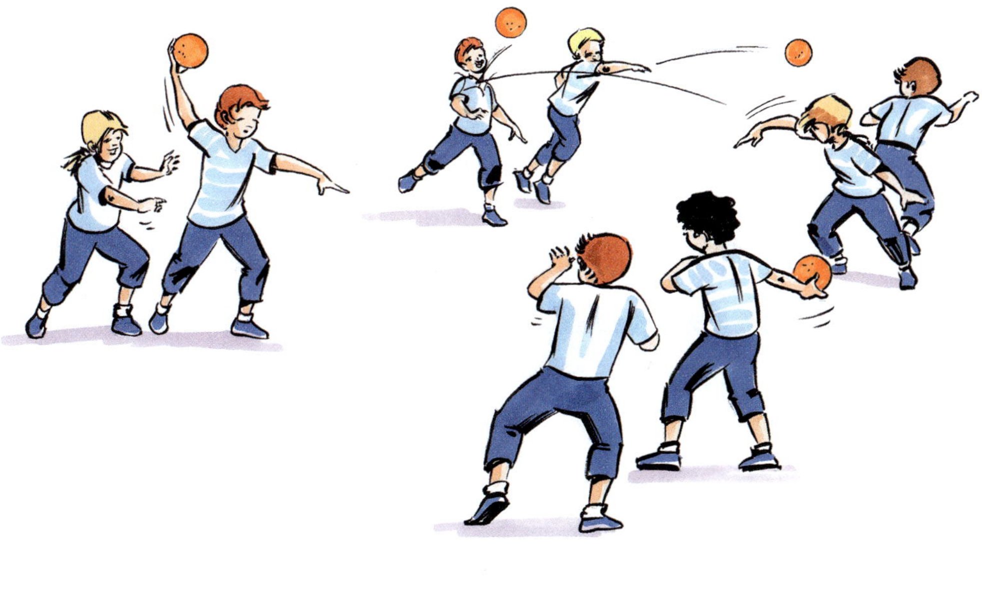

Mäuseball

Spielort: Halle, Trockenrasen- oder Ascheplatz, Pausenhof

Material: ein oder mehrere Mäusebälle, also kleine Bälle wie Tennisbälle, Flummis oder ähnliche Bälle

Spielidee und Grundregeln:
Auch wenn Sportspiele am Ende der Stunde nicht unbedingt in jeder Lerngruppe sinnvoll erscheinen, soll mit Mäuseball ein fußballähnliches Spiel vorgestellt werden, das aber aufgrund des Balles meist nicht so ernst genommen wird, wie ein richtiges Fußballspiel. Mäusefußball wird mit einem alten, wenig springenden Tennisball oder einem anderen kleinen Ball gespielt. Eines Torwarts bedarf es meist nicht. Die Tore sollten in jedem Fall niedrig sein, damit nicht gebolzt wird.

Dieses Fußballspiel sollte so gestaltet werden, dass die TN viele Ballkontakte erhalten, indem z.B.:

- mehrere Bälle eingesetzt werden oder
- vier Mannschaften auf einem Feld diagonal spielen, wobei jeweils 2 Mannschaften gegeneinander spielen

Auch sollten viele Torerfolge durch breite oder mehrere Tore möglich sein.

Hinweise zur Organisation, Methodik und Sicherheit:

–

Variationen:

–

Schuhhockey / Ringhockey

Spielort: Schuhhockey: Halle, Sportplatz, Freigelände, Pausenhof; Ringhockey: nur Halle

Material:
Schuhhockey: einen oder mehrere „platte" Tennisbälle oder andere kleine Bälle, die gut rollen aber wenig hüpfen;
Ringhockey: ein Stab je TN, ein oder mehrere Tennisringe

Spielidee und Grundregeln:
Die TN spielen ein hockeyähnliches Spiel, jeweils ein Schuh wird jedoch ausgezogen und als Schläger genutzt. Auch hier sollten besondere Gestaltungen dafür sorgen, dass die TN viele Ballkontakte und Torerfolge haben (siehe Mäuseball).

Hinweise zur Organisation, Methodik und Sicherheit:
Beim Schlagen muss der Schuh stets unter Kniehöhe bleiben.
Auch bei diesen Hockeyvarianten gilt, dass Sportspiele nicht unbedingt in jeder Lerngruppe für das Stundenende geeignet sind.

Variationen:
Ringhockey
Beim Ringhockey spielen die TN ähnlich. Sie können mit Stab und Ring jedoch meist sehr gut passen, den Ball schützen und sicher spielen.

Nicht jede Stunde sollte zwangsläufig ruhig ausklingen. Manchmal ist es auch sinnvoll, wenn die TN eine Gelegenheit zum Austoben erhalten. Hier sind viele Spiele denkbar, die bereits im ersten Teil des Buches dargestellt wurden. Letztendlich müssen Spiele zum Unterrichtsende stets zur Lerngruppe, zum Stundeninhalt und zu den äußeren Bedingungen passen.

Wenn die Stunde wenig bewegungsintensiv war, könnte es sinnvoll sein, noch eine kurze Einheit im Sinne der Ausdauerschulung einzufügen oder zumindest ein bewegungsintensives Spiel durchzuführen. In der kalten Jahreszeit sollte jedoch auch daran gedacht werden, dass die TN nicht überhitzt und verschwitzt in die Kälte entlassen werden. Je nach äußeren Bedingungen kann es gegebenenfalls notwendig sein, an ein solches bewegungsintensives Spiel zumindest eine ganz kurze ruhige Phase anzuschließen.

Ab dem Jugendalter können einige der nachfolgenden Spiele auch zum Auslaufen genutzt werden. Spiele sind hier oft motivierender als ein gegebenenfalls monotones Rundenlaufen.

Bierdeckeljagd

Spielort: Halle, Sportplatz, Freigelände, Pausenhof

Material: bis zu mehrere 100 Bierdeckel und ggf. Reifen

Spielidee und Grundregeln:
Die Bierdeckel werden in der Halle verteilt und die Gruppe in mehrere Mannschaften oder in zweier, dreier oder vierer Teams aufgeteilt. Die TN stellen sich auf einer Seite der Halle hinter die Grundlinie oder je Team zu einem Reifen als Haus. Auf ein Signal des Spielleiters hin beginnt die Bierdeckeljagd und die TN sammeln so viele Bierdeckel wie möglich und bringen diese hinter die Grundlinie bzw. in ihr Haus. Sie dürfen allerdings stets nur einen Bierdeckel in jeder Hand transportieren, dann müssen sie wieder zurück hinter die Grundlinie bzw. in ihr Haus laufen. Alle TN laufen dabei gleichzeitig. Wenn alle Bierdeckel aufgesammelt sind, endet das Spiel. Gewonnen haben könnte die Mannschaft mit den meisten Bierdeckeln bzw. mit dem höchsten Turm übereinander gelegter Bierdeckel. Es empfiehlt sich aber je nach Lerngruppe keinen Vergleich anzustreben, sondern ein ruhiges Ende zu wählen (siehe Variationen).

Hinweise zur Organisation, Methodik und Sicherheit:
Laute fetzige Musik kann die Bierdeckeljagd begleiten.

Variationen:
Statt dieses Spiel als Wettkampf zu inszenieren, bietet es sich an, eine kontemplative Phase zum Schluss der Stunde zu integrieren.

Bildet man zunächst Paare, die zusammen Bierdeckel sammeln, kann nun ein Partner den anderen vorsichtig mit Bierdeckeln bedecken. Dieser entspannt sich einfach oder versucht das Körperteil zu benennen, auf das gerade ein Bierdeckel gelegt wurde.

Teams mit drei oder vier TN können mit den Bierdeckeln ein Kartenhaus bauen. Gewonnen hat gegebenenfalls das Team mit dem schönsten Kartenhaus. Die verschiedenen Kartenhäuser können aber auch einfach nur bewundert werden.

Zauberer und Tiger

Spielort: Halle, ggf. Trockenrasenplatz

Material: Softball oder anderen relativ weichen Ball zum Abwerfen

Spielidee und Grundregeln:
Alle TN verteilen sich in der Halle. Doch ein oder zwei Zauberer sind unterwegs, die jeweils mit ihrem Zauberball alle TN in Tiger verwandeln wollen. Wer getroffen wurde, wird zum Tiger und krabbelt auf allen Vieren durch die Halle. Die Tiger helfen den Zauberern und können durch einfache Berührungen andere TN ebenfalls in Tiger verwandeln. Wenn alle TN zu Tigern geworden sind, schicken die Zauberer die Tiger in die Umkleidekabinen.

Hinweise zur Organisation, Methodik und Sicherheit:
Kopftreffer können keinen Zauber auslösen.

Variationen:
–

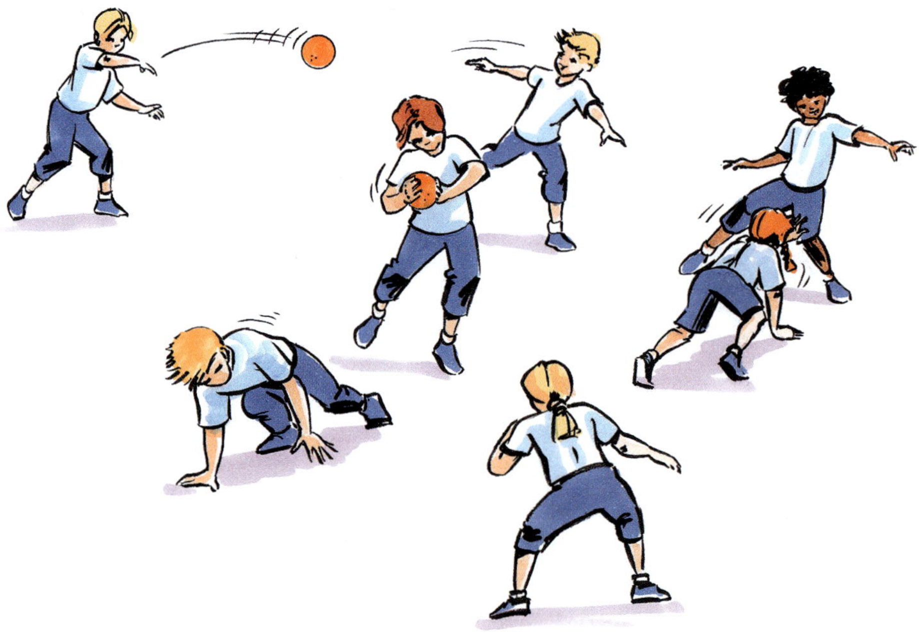

Sonne und Eismaschine

Spielort: Halle, Sportplatz, Freigelände, Pausenhof

Material: kein

Spielidee und Grundregeln:
Die Eismaschine (Fänger) versucht die anderen TN durch eine leichte Berührung „einzufrieren". Diese können sich dann nicht mehr bewegen und bleiben eingefroren stehen. Sie können aber durch die Sonne wieder „aufgetaut" werden, indem diese die eingefrorenen TN kurz berührt oder je nach Vereinbarung einmal mit den Händen über den Körper/Arm fährt.
Vor Beginn des Spiels werden, je nach Anzahl der TN, ein oder zwei Eismaschinen bestimmt. Diese müssen kurz entfernt von der Gruppe (ggf. hinter einer Tür) warten, bis diese je nach Anzahl der TN ein oder zwei Sonnen bestimmt hat. Das Spiel ist zu Ende, wenn die Sonne(n) gefangen wurde(n) oder nach einer gewissen Zeit, in der es den Fängern nicht gelang die Sonne(n) zu entdecken.

Hinweise zur Organisation, Methodik und Sicherheit:

–

Variationen:

–

Zahlencomputer

Spielort: Halle, Sportplatz, Freigelände, Pausenhof

Material: je Team ein Würfel, ein Stift, ein Blatt Papier, ggf. Pylone zur Spielfeldmarkierung

Spielidee und Grundregeln:
Bei diesem Laufspiel laufen ähnlich wie bei der Bierdeckeljagd alle TN gleichzeitig. Es geht dabei aber ebenso nicht vordergründig ums Gewinnen. Alle Gruppen spielen, bis sie fertig sind und gehen anschließend in die Umkleide.
Die TN werden hierzu beispielsweise in vier Teams aufgeteilt, die sich jeweils in eine Hallenecke setzen. Auf ein Signal des Spielleiters hin beginnt der erste TN einer jeden Gruppe zu würfeln, schreibt seine Zahl auf das Blatt und läuft entsprechend viele Runden. Gleichzeitig würfelt der nächste Spieler, schreibt seine Zahl darunter und rechnet die Summe aus, die wiederum auf das Blatt geschrieben wird. Auch dieser TN läuft die gewürfelte Zahl. Alle TN laufen also Runden, bis eine vorher festgelegte Rundenzahl auf dem Blatt erreicht ist. Sobald dies geschieht, ruft der TN laut. Alle Spieler dieser Mannschaft müssen nur noch in die Ecke kommen und sind fertig.

Hinweise zur Organisation, Methodik und Sicherheit:
Das Würfeln motiviert die TN zu laufen. Durch das Würfeln, aber auch durch das plötzliche Ende, entscheidet auch das Glück etwas mit, wer als erstes fertig wird.

Variationen:

–

Autofahren / Tierlauf

Spielort: Halle, Sportplatz, Freigelände, Pausenhof

Material: kein

Spielidee und Grundregeln:
Alle TN sind Fahrzeuge, die unterschiedlich schnell fahren können. Der Spielleiter ruft diese Fahrzeuge, oder besser er hält entsprechende Bilder hoch. Die TN laufen dann entsprechend dieser Bilder abwechselnd in unterschiedlichen Lauftempi:

- Traktor: langsam
- VW-Käfer: mittel
- Sportwagen: schnell
- Formel-I-Rennauto: sehr schnell

Wahlweise können vor allem jüngere TN sich so noch einmal richtig „auspowern" oder „vielfältig" auslaufen.

Hinweise zur Organisation, Methodik und Sicherheit:

–

Variationen:

Autospiel mit unterschiedlichen Gängen

Jeder TN ist ein Auto mit unterschiedlichen Gängen. Entsprechend des Ganges (1., 2., 3., 4., 5. und Rückwärtsgang), der vom Spielleiter wieder angezeigt oder gerufen wird, fahren die Autos langsam oder schnell durch die Halle.

Tierlaufen

Bilder von unterschiedlich schnellen Tieren bestimmen das Lauftempo:

- Schnecke: sehr langsam
- Igel: langsam
- Kaninchen: mittel
- Hund: schnell
- Gepard: sehr schnell

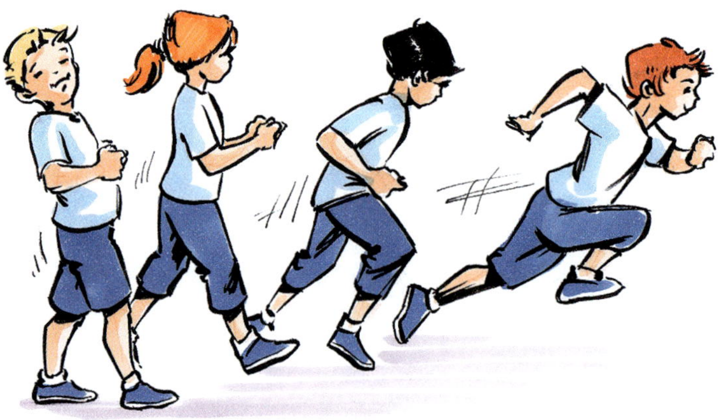

Laufen und Malen

Spielort: Halle, Sportplatz, Freigelände, Pausenhof

Material: Bilder zum Ausmalen, ggf. niedrige Hindernisse zum Überlaufen (Poolnudeln o.Ä.), Stifte zum Ausmalen der Vorlagen

Spielidee und Grundregeln:
Wie beim „Wer bin ich?" geht es auch hier um ein spielerisches Laufen oder eine leichte Ausdauerschulung am Ende der Stunde. Die TN laufen hierfür einige Minuten und malen, je nachdem, wie viele Minuten sie am Stück gelaufen sind, ein Feld des Bildes an. Insbesondere jüngere TN werden hierdurch motiviert.

Hinweise zur Organisation, Methodik und Sicherheit:
Die TN könnten auch prinzipiell Runden laufen und entsprechende Felder anmalen. Leistungsfähige TN sind dann aber früher mit ihrem Bild fertig – leistungsschwächere ggf. überfordert. Werden Minuten statt Runden gelaufen, sind alle TN mit ihrem Bild immer gleich weit und jeder TN kann in seinem angemessenen Tempo laufen.
Sinnvoll ist es, dass die Paare entweder jeweils eine Stoppuhr haben oder der Spielleiter nach jeder Minute ein Signal gibt.

Variationen:
Mehrere TN können auch zusammen ein Bild ausmalen.
Viele Motive sind hier üblich: der Hase Joggi, ein laufender Weihnachtsmann, der Osterhase, eine Urkunde oder einfach ein schönes Bild.

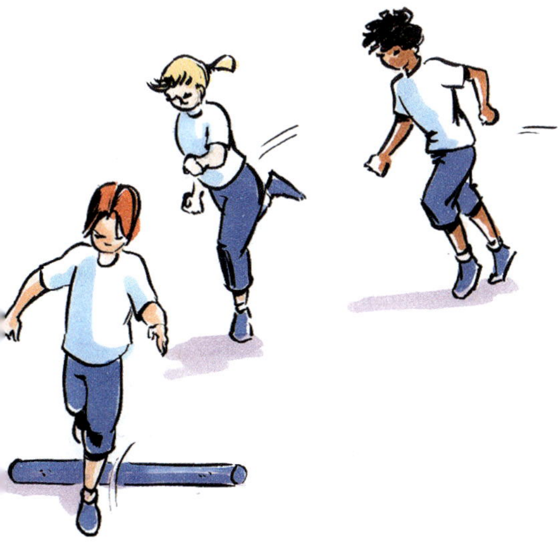

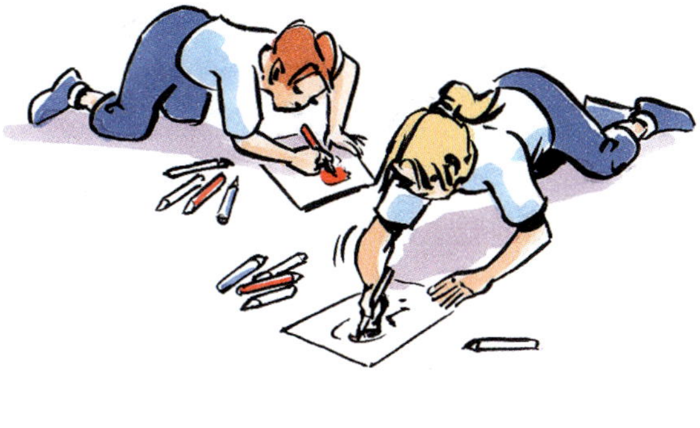

Die meisten der in den anderen Kapiteln dargestellten Spiele dienen ebenfalls einem gemeinsamen Schluss. Hier sollen jedoch gesondert Spiele und Übungen dargestellt werden, die ausdrücklich einer gemeinsamen Aktivität bedürfen und deren zentrale Spielidee aus diesem Miteinander resultiert. Dieses Miteinander versöhnt mit möglichen komparativen Inhalten der Stunde und betont das Gemeinsame der Lern- bzw. Übungsgruppe.

Rakete / Stille Rakete

Spielort: Halle, Sportplatz, Freigelände, Pausenhof

Material: kein

Spielidee und Grundregeln:
Die Rakete stellt einen ganz schnellen gemeinsamen Abschluss der Sportstunde dar. Die TN stehen im Kreis und spielen einen Raketenstart:

1. Die Rakete wird gezündet: Die TN nehmen spielerisch ein Feuerzeug aus der Tasche und zünden bei den Füßen die Rakete an.
2. Die Rakete geht los: Die TN trampeln mit den Füßen.
3. Die Rakete gibt Gas: Die TN trommeln sich auf die Oberschenkel.
4. Die Rakete startet: Die reißen die Arme in die Luft und rufen laut „Heeeyyyy!

Hinweise zur Organisation, Methodik und Sicherheit:

–

Variationen:

Stille Rakete:
Die TN lassen die Rakete starten, versuchen dabei aber, keinen Laut zu erzeugen.

Glitzerrakete:
Diese Variation ist eine Mischung aus lauter und leiser Rakete. Erst startet die Rakete mit Zischen, explodiert krachend, um dann in leises Glitzern und Funkeln (z.B. Fingerwackeln mit nach oben gestreckten Armen) überzugehen. Am Ende ist es ganz still.

Rakete als „Rückmeldung“:
Die TN spiegeln über die Lautstärke ihren Eindruck von der Sportstunde wider: „Hat dir die Sportstunde gut gefallen, lässt du eine ganz laute Rakete steigen! Hat dir die Sportstunde weniger gut gefallen, ist deine Rakete leise!“

Stopp die Maschine!

Spielort: Halle, Sportplatz, Freigelände, Pausenhof, Klassenraum

Material: kein

Spielidee und Grundregeln:
1–3 TN (Ingenieure) werden vor die Tür geschickt oder müssen sich entfernt von den restlichen TN aufhalten. Die Gruppe stellt eine Maschine dar, die durch wilde Bewegungen und Geräusche völlig außer Kontrolle geraten ist. Die Gruppe überlegt sich nun einen (ggf. auch mehrere) Ausschalter, der bei Berührung die ganze Maschine zum Stillstand bringt. Anschließend werden die Ingenieure hereingerufen. Sie müssen nun durch Ausprobieren die Berührung finden, die die Maschine ausschaltet. Das kann eine Berührung hinter dem Ohr (einer bestimmten Person, oder egal bei wem), oder zum Beispiel auch streicheln des rechten Knies sein.
Können die Ingenieure die Maschine nach einer festgelegten Zeit (1 bis 2 Minuten) stoppen, haben sie gewonnen.

Hinweise zur Organisation, Methodik und Sicherheit:
Wichtig ist, dass die TN sich Bewegungen aussuchen, die sie auch 2 Minuten durchführen können, z.B. mit dem Beinen im Liegen Fahrrad fahren, einen Arm oder eine Hand drehen, mit dem Fuß aufstampfen usw. Ungünstig sind Bewegungen wie Kopfrollen.

Variationen:

- Richtig Spaß macht dieses Spiel erst, wenn jeder TN zu seiner Bewegung auch noch ein ständig wiederkehrendes lautes Geräusch macht, wie Quietschen, Blubbern, Stampfen, Rollen usw.
- Alle Teile der Maschine müssen miteinander verbunden sein.

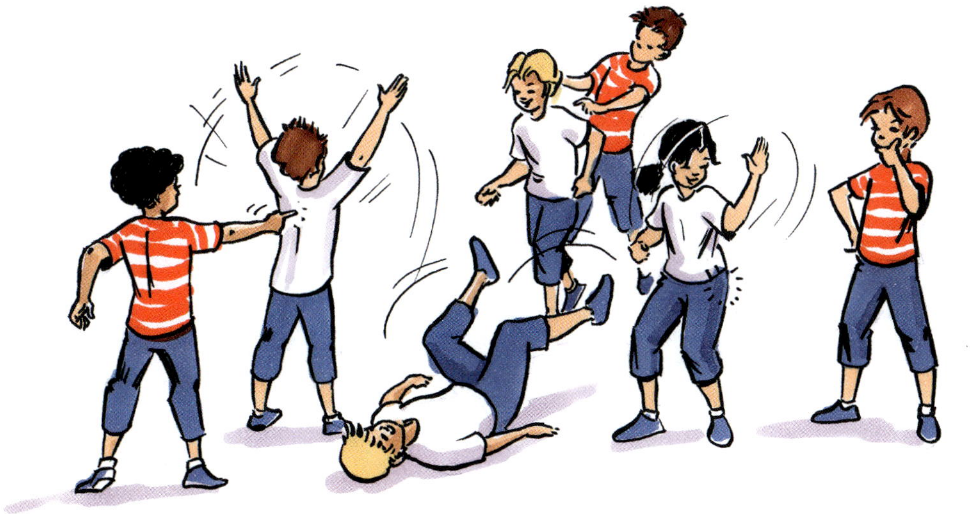

Gordischer Knoten

Spielort: Halle, Sportplatz, Freigelände, Pausenhof, Klassenraum

Material: kein

Spielidee und Grundregeln:
Die TN bilden einen großen Kreis. Alle schließen die Augen und gehen mit ausgestreckten Händen vorsichtig in Richtung Kreismitte. Jeder TN sollte nun mit der linken und rechten Hand zwei verschiedene andere Personen an die Hand nehmen. Wenn alle TN miteinander verbunden sind, öffnen sie die Augen. Die Gruppe muss nun versuchen, den Knoten zu lösen, ohne die Hände los zu lassen (Drehungen sind erlaubt).

Hinweise zur Organisation, Methodik und Sicherheit:
Bei größeren Gruppen oder bei wenig Zeit sollten 2 bis 3 Gruppen gebildet werden. Bei jungen TN sind Gruppengrößen von ca. 10 sinnvoll. Bei älteren TN auch z. T. deutlich darüber hinaus.
Manchmal entstehen in einer Gruppe auch zwei oder drei Kreise. Manchmal sind Knoten auch nicht auflösbar.

Variationen:
Die TN dürfen nicht reden und müssen versuchen, sich ohne Worte zu verständigen.

Zipp – Zapp!

Spielort: Halle, Sportplatz, Freigelände, Pausenhof

Material: Teppichfliesen, Bierdeckel oder andere Markierungen

Spielidee und Grundregeln:
Alle TN stehen im Kreis auf Teppichfliesen oder anderen Markierungen. Ein TN steht in der Mitte. Dieser zeigt nun auf einen TN und ruft laut „Zipp!“, „Zapp!“ oder „Zipp! – Zapp!“

- Bei „Zipp!“ muss der Spieler den Namen seines linken Nachbarn sagen.
- Bei „Zapp!“ muss der Spieler den Namen seines rechten Nachbarn sagen.
- Bei „Zipp – Zapp!“ wechseln alle TN ihren Platz und der in der Mitte Stehende kann sich auch einen Platz suchen.

Macht jemand einen Fehler, muss dieser in die Mitte. Bei „Zipp – Zapp!“ geht der in die Mitte, der keinen freien Platz mehr findet.

Hinweise zur Organisation, Methodik und Sicherheit:
Das Spiel lebt stark von der Schnelligkeit und kann z.B. am Ende einer Stunde helfen, die Namen einer neuen Lerngruppe zu sichern. Es funktioniert aber auch in Gruppen, die sich kennen.

Variationen:
–

Wirbelsturm

Spielort: Halle, Sportplatz, Freigelände, Pausenhof, Klassenraum mit etwas Platz

Material: kein

Spielidee und Grundregeln:
Alle TN fassen sich an den Händen und bilden so eine lange Reihe. Der Anfang steht fest in der Mitte des Raums und darf sich nicht mehr bewegen. Das Ende beginnt nun, um diese Mitte wie ein Wirbelsturm herumzulaufen, sodass sich die Reihe immer enger um die TN in der Mitte wickelt.
Sind alle TN „aufgewickelt", löst sich diese enge Spirale wieder auf, indem der innerste TN (der Anfang der Reihe) durch die Beine der anderen TN nach außen schlüpft. Die Hände werden dabei nicht losgelassen, sodass alle anderen folgen.
Wenn noch Zeit ist, bleibt nun der TN am anderen Ende der Reihe im Zentrum stehen, der Anfang wickelt sich um das Ende und danach wird die Spirale wieder aufgelöst.

Hinweise zur Organisation, Methodik und Sicherheit:
Je nach Lerngruppe kann der enge Kontakt für die TN sehr lustig sein. Die TN sollten jedoch auch nach ihrer Befindlichkeit befragt werden und gegebenenfalls etwas „geschützt" werden.

Variationen:
–

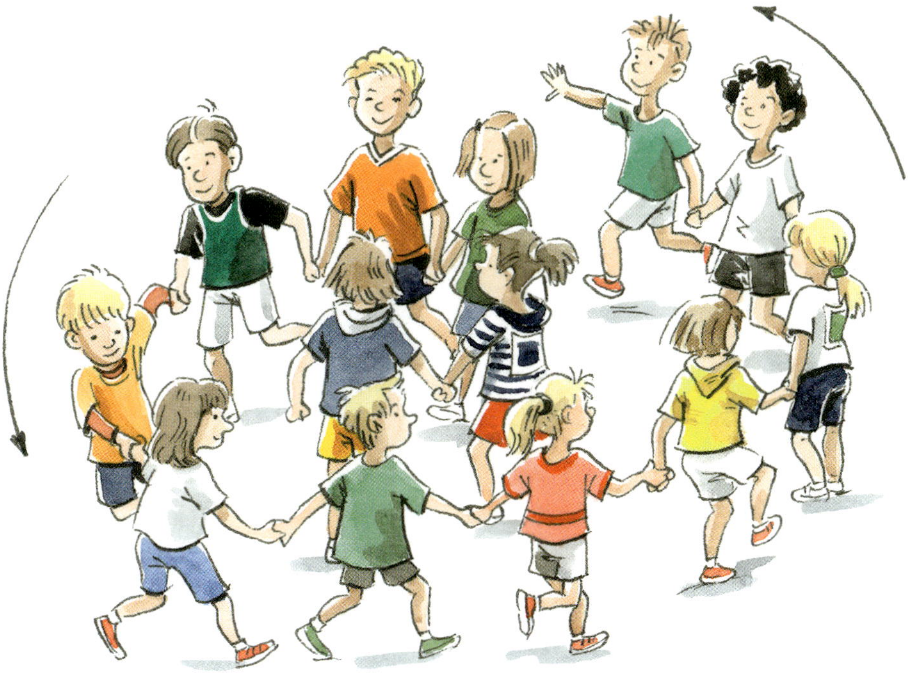

Abstürzender Fahrstuhl

Spielort: Halle, ggf. Rasenplatz mit Weichboden

Material: Weichboden

Spielidee und Grundregeln:
Der Weichboden ist ein Fahrstuhl. Dieser fährt hoch und runter, indem mehrere TN (je nach Kraft mind. acht TN) diesen hoch heben. Auf dem Weichboden liegt längs ein TN, der Fahrer, auf dem Rücken oder Bauch (Brille vorher absetzen). Jetzt fährt der Fahrstuhl nach oben. Der erste Stock ist erreicht, wenn die TN den Weichboden in Hüfthöhe halten. Der zweite Stock ist erreicht, wenn die TN den Weichboden in Kopfhöhe halten und beim dritten Stock halten die TN den Weichboden über Kopf. Der Fahrer entscheidet wie hoch der Fahrstuhl fährt. Dann zählen die TN, die den Weichboden halten, laut (sodass der Fahrer dies hört) eins – zwei – drei und lassen gleichzeitig den Weichboden fahlen. Der Fahrstuhl und mit ihm der Fahrer stürzen ab.

Hinweise zur Organisation, Methodik und Sicherheit:
Wichtig: Keinesfalls darf in die Schlaufen/Griffe des Weichbodens gefasst werden. Die Hände können beim Absturz darin stecken bleiben.
Gut eignet sich die Übung am Ende einer Sportstunde, wenn Kinder Geburtstag hatten oder aus einem anderen Grund „belohnt“ werden können.
Dieses Spiel ist eher für Kinder geeignet. Bei großen Menschen erreicht der Fahrstuhl eine Höhe von über zwei Metern, sodass der Weichboden aufgrund der Höhe sehr stark beschleunigt und dann Stauchungen der Halswirbelsäule möglich sind.

Variationen:

- Der Fahrer kann auch in Sitzen oder im Stehen fahren. Diese Varianten scheinen zunächst gefährlicher, sind aber deutlich langweiliger.
- Zwei TN fahren gleichzeitig Fahrstuhl – aus Sicherheitsgründen aber nur im Liegen.

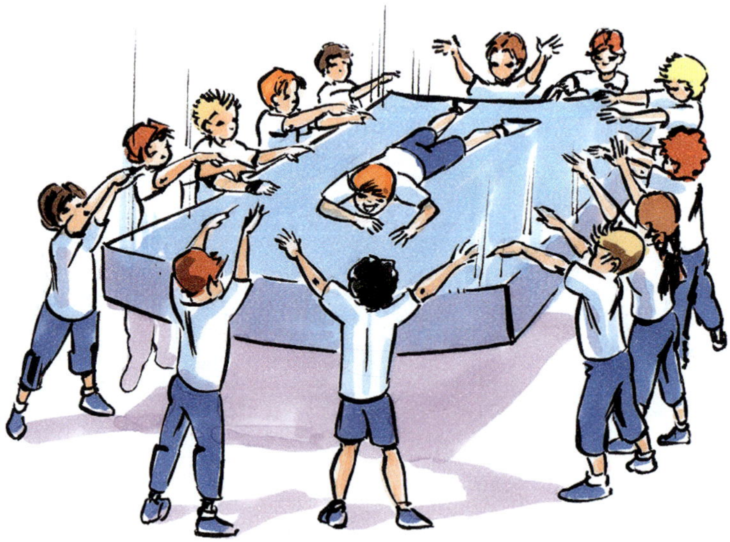

Schneckenlabyrinth

Spielort: Halle

Material: Bodenturnläufer

Spielidee und Grundregeln:
Ein Bodenturnläufer wird stehend von der Rolle gewickelt, sodass eine Spirale, wie bei einer Schnecke, entsteht. Am Anfang ist der Gang zwischen den Wänden groß und wird im Zentrum immer kleiner.
Alle TN gehen nun mit etwas Abstand nacheinander in das Schneckenlabyrinth. Darin ist es etwas dunkel und unheimlich und je mehr TN in dem Labyrinth stecken, umso enger wird es. Insbesondere junge Kinder mögen dieses Labyrinth.

Hinweise zur Organisation, Methodik und Sicherheit:
Wenn es sehr eng im Labyrinth wird, sollte der Bodenturnläufer gegebenenfalls von ein oder zwei Erwachsenen gesichert werden, sodass dieser nicht umfallen kann.

Variationen:
Zu besonderen Anlässen kann ein kleiner Schatz eine zusätzliche Belohnung sein. Jedes Kind darf sich im Zentrum der Schnecke eine Kastanie, eine Nuss, ein Gummibärchen usw. nehmen.

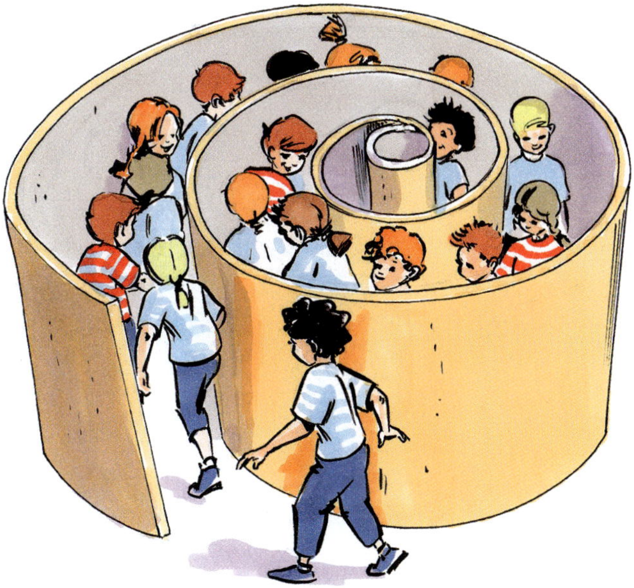

Have You Ever?

Spielort: Halle, Sportplatz, Freigelände, Pausenhof

Material: Teppichfliesen, Bierdeckel oder ähnliches für jeden TN

Spielidee und Grundregeln:
Alle TN stehen auf einer Teppichfliese (rutschige Seite nach oben). Je nach Alter stehen ein oder zwei TN in der Mitte. Diese stellen nun allen TN eine einfache Frage, die sie selbst mit „Ja!" beantworten können, wie „Hast du schon einmal ein Eis gegessen?" oder „Hast du schon einmal einen Salto gemacht?"
Wer die Frage ebenfalls mit „Ja!" beantworten kann, muss den Platz wechseln. Die TN in der Mitte versuchen jetzt einen Platz für sich zu sichern. Wer übrig bleibt, stellt schnell eine neue Frage.

Hinweise zur Organisation, Methodik und Sicherheit:
Bei jüngeren TN sollten zwei Kinder in der Mitte stehen, damit diese schneller eine Frage formulieren können.
Gegebenenfalls sollte eine Regel dafür sorgen, dass man nicht den Platz seiner Nachbarn einnehmen darf.

Variationen:
Dieses Spiel dient in erster Linie dem Kennenlernen. Es kann aber auch sehr gut am Ende der Sportstunde als „Reflexionshilfe" genutzt werden, wenn nur Fragen mit Bezug zur vergangenen Stunde gestellt werden dürfen, wie „Hattest du auch Angst beim Salto?" oder „Bist du mehr als 10 Runden gelaufen?"

Figuren stellen

Spielort: Halle, Sportplatz, Freigelände, Pausenhof

Material: kein

Spielidee und Grundregeln:
Alle TN fassen sich an den Händen und schließen die Augen. Nun soll die Gruppe gemeinsam eine Figur, z.B. ein Viereck, bilden. Hierzu ist es notwendig, dass sich die TN sich gut miteinander verständigen.

Hinweise zur Organisation, Methodik und Sicherheit:
Die TN sollten in der Lage sein, sich trotz geschlossener Augen gut zu verständigen. Je jünger die TN sind und je größer die Gruppe ist, desto schwieriger wird dies sein.
Entweder erhält die Gruppe eine Zeitvorgabe oder – was meist sinnvoller ist – die Gruppe entscheidet, wann sie fertig ist und die Figur gebildet wurde.

Variationen:
Schwieriger sind folgende Figuren:

- Quadrat
- Dreieck
- Sechseck
- Fünfeck

Jeder ist Dirigent

Spielort: Sporthalle, Klassenheim

Material: kein

Spielidee und Grundregeln:
Die Spielleitung beginnt einen Rhythmus auf den Boden zu schlagen/trommeln. Alle anderen machen mit. Irgendwer in der Runde variiert den Rhythmus und alle anderen folgen bis wieder jemand einen neuen Rhythmus vorgibt. Jeder kann den Rhythmus verändern, aber alle sollten für einen Moment in den neuen Rhythmus einstimmen. Beendet wird das Spiel nach einigen Minuten, indem der/die Lehrende die Hände ruhig auf den Boden legt und dann auch alle anderen aufhören.

Hinweise zur Organisation, Methodik und Sicherheit:
Manchmal gibt es zwei Rhythmen gleichzeitig. Das ist nicht schlimm. Die Spielenden warten einfach ab, welcher Rhythmus sich durchsetzt. Manchmal traut sich auch niemand einen neuen Rhythmus vorzugeben. Entweder wartet die die Spielleitung ab oder variiert selbst und erklärt nochmals die Spielidee. Insgesamt erzeugt das Spiel eine angenehme, gemeinsame Stimmung zu Abschluss einer Sportstunde.

Variationen:
–

Spiele, Übungen und Routinen zum ganz schnellen Abschluss

Immer wieder behaupten Sportlehrende gegenüber ihren TN, dass nun leider keine Zeit mehr für ein Abschlussspiel sei. Tatsächlich bleibt manchmal nur sehr wenig Zeit, weil vielleicht der Geräteabbau oder die Reflexion der Stunde mehr Zeit als geplant in Anspruch genommen haben. Dennoch sollte dann nicht einfach die Stunde beendet werden. Eine kurze, freudvolle Aktivität zählt oft mehr als ein Lob und versöhnt mit gegebenenfalls berechtigter Kritik. Viele der bereits vorgestellten Spiele können auch sehr kurz gespielt werden. Beispielsweise indem in einem Fangspiel die Angetippten schon in die Umkleide gehen können, statt möglicherweise wieder befreit zu werden. Oft kann man auch schon viel Zeit sparen, wenn ein bekanntes Abschlussspiel ohne viele Worte flott inszeniert wird, z.B. Häuptling Manitu, Vater liest Zeitung, Kuhstall usw.
Darüber hinaus werden hier Spiele und Übungen vorgestellt, die in der Regel nur ein oder zwei Minuten benötigen, um zu einem Ende zu kommen. Manche der dargestellten Übungen und Spiele können auch die Funktion von Routinen, oder, je nach Sprachgebrauch, von Unterrichtsritualen erhalten, mit denen für eine bestimmte Zeit jede Stunde endet. Gerade jüngeren TN und insbesondere Schülerinnen und Schülern kommen solche klaren Unterrichtsrituale sehr entgegen, da sie so wissen und stets orientiert sind, wann die Stunde zu Ende geht.

Bei einer 6 ist Schluss!

Spielort: Halle, Sportplatz, Freigelände, Pausenhof

Material: großer Schaumstoffwürfel

Spielidee und Grundregeln:
Die TN stehen im Kreis. Ein TN oder der Leiter sagt eine Aufgabe an und würfelt dann. Bei den Ziffern 1 bis 5 wird die Aufgabe entsprechend oft von allen TN durchgeführt. Bei der Ziffer 6 laufen alle schnell in die Umkleide und die Stunde ist beendet.

Hinweise zur Organisation, Methodik und Sicherheit:
Die jeweiligen Aufgaben dürfen nicht zu lange dauern. Eine Aufgabe sollte in zehn Sekunden bis maximal einer Minute bei jeder Ziffernzahl durchzuführen sein. Aufgaben bei diesem Spiel können die folgenden sein.

- Hampelmann
- kleine Runde laufen
- Hinlegen und Aufstehen
- durch die Beine anderer rutschen
- Zappelhandstand
- Baumstammrollen
- Hocksprünge
- um die eigene Achse drehen
- anderen die Hand schütteln und einen Abschiedsgruß sagen

Selbstverständlich können sich die TN auch kurze Aufgaben selber ausdenken. Im Zweifelsfall sollte der Leiter aber lange Aufgaben nicht gestatten.

Variationen:
Waren in der vorangegangenen Stunde die TN in Mannschaften eingeteilt, können auch jeweils diese Mannschaften würfeln.

Siebenschläfer / Häuptling Manitu

Spielort: Halle, ggf. trockener Sportplatz im Sommer

Material: kein, bei Häuptling Manitu eine Feder

Spielidee und Grundregeln:
Die TN verteilen sich in der Halle, legen sich leise mit dem Bauch auf den Boden und schließen die Augen. Jetzt wird es ganz leise. Der Lehrende tippt einen (leisen) TN vorsichtig an oder streichelt ihn über den Rücken. Dieser TN steht auf und berührt den nächsten (leisen) TN und so fort. Wer jemanden angetippt hat, schleicht leise aus der Turnhalle, geht in die Umkleide und zieht sich um.

Hinweise zur Organisation, Methodik und Sicherheit:

–

Variationen:

Häuptling Manitu

Alle Indianer sind müde. Doch wenn Häuptling Manitu (z.B. der Lehrende oder ein anderer TN) mit seiner Feder vorsichtig über einen Indianer streichelt, erwacht dieser wieder und geht leise in die Umkleide.

Besondere Einsatzbereiche/Ziele/Schwerpunkte:

Am Ende anstrengender, aufregender Stunden als ruhiger Abschluss.

Gemeinsames Aufstehen

Spielort: Halle, trockener Sportplatz, Freigelände, Pausenhof

Material: kein

Spielidee und Grundregeln:
Die TN einer Gruppe sitzen und sollen nun gemeinsam aufstehen. Hierbei sitzen sie entweder Rücken an Rücken oder sind sich gegenseitig zugewandt und geben sich die Hände. Zumindest beim ersten Mal sollte diese Problemstellung Schritt für Schritt erarbeitet werden, indem die TN zunächst paarweise das Aufstehen erproben und üben. Ist dies geschafft, arbeiten zwei Paare miteinander. Können die TN zu viert aus beiden Positionen aufstehen, versuchen sie es mit einer weiteren Gruppe, also zu acht. Am Ende soll dann die gesamte Gruppe gemeinsam aufstehen.

Hinweise zur Organisation, Methodik und Sicherheit:

–

Variationen:

Wenn die Aufgabe einmal gut erarbeitet wurde, kann die Aufgabe auch zu einem Ritual am Ende der Stunde werden, bei dem sich alle TN die Hände reichen und gemeinsam aufstehen.

Rhythmusmaschine

Spielort: Halle, Sportplatz, Freigelände, Pausenhof

Material: kein

Spielidee und Grundregeln:
Alle TN sitzen oder stehen im Kreis. Der Spielleiter beginnt einen einfachen Rhythmus mit den Händen zu klatschen, auf den Fußboden zu trommeln oder mit den Füßen zu stampfen. Die TN machen mit. Irgendjemand aus der Runde beginnt, den vorgegeben Rhythmus zu variieren oder einen neuen Rhythmus zu erzeugen. Alle übernehmen jetzt diesen Rhythmus, bis wieder jemand einen neuen einleitet.

Hinweise zur Organisation, Methodik und Sicherheit:
Das Besondere ist, dass niemand bestimmt, wer einen neuen Rhythmus beginnen soll, sondern dass irgendwer anfängt, den Rhythmus zu variieren und alle anderen mit einstimmen. Wenn der Spielleiter aufhört zu trommeln, klatschen oder zu stampfen, ist das Spiel beendet.

Variationen:
–

Ich schicke eine E-Mail an ...

Spielort: Halle, Sportplatz, Freigelände, Pausenhof

Material: kein

Spielidee und Grundregeln:
Die TN kommen im Kreis zusammen und fassen sich an den Händen. Ein oder zwei TN befinden sich in der Mitte des Kreises und beobachten die anderen. Ein TN beginnt und sagt: „Ich schicke eine Email an ... – Abgeschickt!“ Für die TN in der Mitte ist „Abgeschickt“ das Signal, dass die Nachricht auf den Weg gebracht wurde. Durch Händedruck wird versucht, die Nachricht an den genannten TN weiterzugeben, ohne dass der TN in der Mitte das Weiterreichen irgendwo bemerkt. Dort, wo die Nachricht dennoch sichtbar wird, tauschen die Kinder die Rollen.

Hinweise zur Organisation, Methodik und Sicherheit:
–

Variationen:
–

Züge fangen

Spielort: Halle, Sportplatz, Freigelände, Pausenhof

Material: kein

Spielidee und Grundregeln:
Die TN der Gruppe finden sich in dreier- oder vierer-Teams zusammen und bilden jeweils einen Zug. Nun versuchen sich die Züge gegenseitig zu fangen, indem der/die Vorderste es schafft, sich an das Ende eines anderen fahrenden Zuges anzuhängen. Bilden alle Züge eine lange Schlange, ist das Spiel beendet. In der Regel dauert dies weniger als zwei Minuten.

Hinweise zur Organisation, Methodik und Sicherheit:
Je nach Hallengröße sollte das Spielfeld verkleinert werden.

Variationen:
–

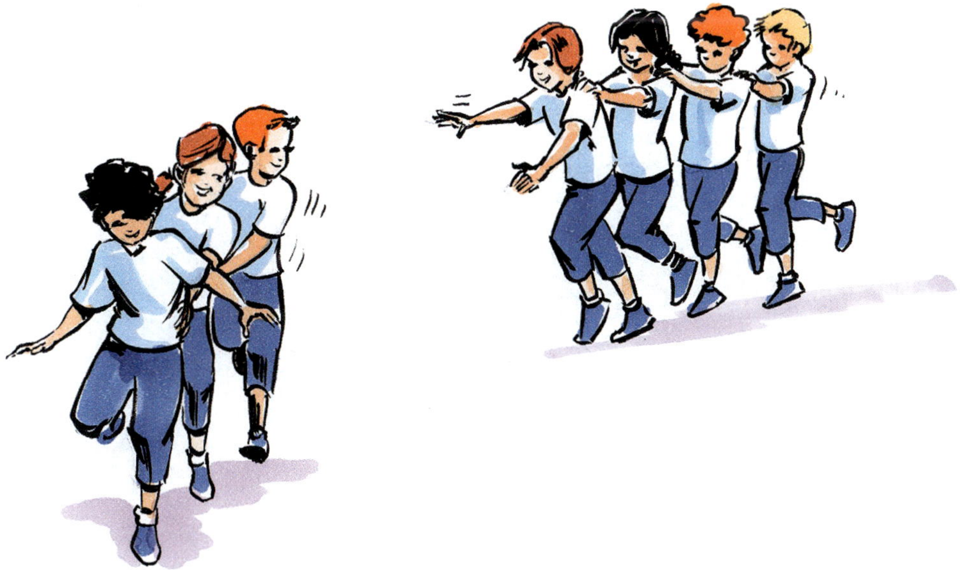

Spiele sind oft auch ohne Spielleiter möglich. Schülerinnen und Schüler in der Schule sollen beispielsweise Stück für Stück lernen, für ihr Spiel selbstverantwortlich zu sein und dieses zunehmend selbst zu regeln. Viele der bereits vorgestellten Spiele können von den Spielenden selbstverständlich auch weitgehend selbstständig gespielt werden. Dies wird aber immer vom Alter und vom Verständnis der TN abhängen. Tatsächlich wird dies nicht in jeder Lerngruppe und gerade am Ende einer Stunde immer möglich sein.

Deswegen werden hier Spiele vorgestellt, die sich aufgrund ihrer Struktur und ihrer Dynamik sehr dafür eignen, dass die Spielenden ihr Spiel selbst aufrechterhalten können. Der Spielleiter wird entlastet und kann sich anderen Aufgaben widmen, die manchmal am Ende einer Stunde zu erledigen sind. So kann er gegebenenfalls noch Großgeräte in den Geräteraum fahren, das Aufräumen kontrollieren, Schränke abschließen oder aber auch einen Streit zwischen zwei TN schlichten, während die anderen aktiv sind.

Selbstverständlich entbinden solche Spiele den Spielleiter nicht von seiner Aufsichtpflicht. Er sollte also auch hier stets ein Auge auf die Spielenden haben. Dies wird aber im Regelfall deutlich weniger der Fall sein müssen, als bei vielen anderen Spielen.

Wer bin ich?

Spielort: Halle, Sportplatz, Freigelände, Pausenhof

Material: kein, ggf. Krepp-Band und Stifte

Spielidee und Grundregeln:
Die TN laufen paarweise oder auch zu dritt zusammen. Damit sie nicht zu schnell laufen, sollen sie sich dabei unterhalten und Rätsel lösen. Beim „Wer bin ich?“ denken sich die TN für den Laufpartner je nach Altersgruppe ein Tier, eine berühmte Persönlichkeit oder ein Lebewesen aus, bei der sie davon ausgehen, dass der Partner dieses kennt.
Nun beginnen beide zu laufen und versuchen herauszufinden, was der Partner für sie erdacht hat. Sie stellen sich dabei Fragen, die der Partner nur mit „Ja“ oder „Nein“ beantworten darf.
Wenn der Partner eine Frage verneint, wechselt das Fragerecht.

Hinweise zur Organisation, Methodik und Sicherheit:
Falls die Partner nicht ehrlich sind oder wenn das Spiel stärker gestaltet werden soll, empfiehlt es sich die Namen im Geheimen auf Krepp-Band zu schreiben und dem Spielpartner auf die Stirn oder den Rücken zu kleben. So kann dieser hinterher kontrollieren, ob der Partner die Person oder das Tier wechselte.
Das Spiel sollte auf Zeit gespielt werden. Haben die TN sich gegenseitig erraten, denken sie sich einfach während des Laufens neue Figuren aus.

Variationen:
Selbstverständlich kann dieses Spiel auch zu dritt oder zu viert gespielt werden, wenn die TN länger laufen sollen.

Besondere Einsatzbereiche/Ziele/Schwerpunkte:
Da die TN bei diesem Spiel langsam laufen, eignet es sich vor allem zum Auslaufen am Ende einer anstrengenden Einheit. Je nach Lerngruppe kann es aber auch zu Beginn einer Stunde zum langsamen Warmlaufen genutzt werden.

Vater liest Zeitung / 1-2-3-4 Ochs am Berg

Spielort: Halle, Sportplatz, Freigelände, Pausenhof

Material: kein

Spielidee und Grundregeln:
Dieses alte Spiel ist sehr geeignet für das Unterrichtsende. Ein oder auch zwei TN stellen den Vater dar, der Zeitung liest. Sie stehen auf der einen Seite der Halle und wenden sich von der Lerngruppe, die auf der anderen Seite steht, ab. Dann rufen sie: „Vater liest Zeitung!" und drehen sich danach wieder um. Die anderen TN versuchen in dieser Zeit einen Raumgewinn zu erzielen, indem sie schnell ein paar Schritte voreilen. Doch wer sich noch bewegt, wenn der Vater wieder hinschaut und vom Vater gesehen wird, muss wieder auf die Grundlinie zurück. Wer als erster die Wand oder den Vater berührt, hat gewonnen und wird der neue Vater. Selbstverständlich kann auch eine Mutter, Oma oder Opa die Zeitung lesen.

Hinweise zur Organisation, Methodik und Sicherheit:
Erfahrungsgemäß sollten die TN dieses Spiel weitgehend alleine spielen können. Wenn dies nicht der Fall ist, bedarf es einer Steuerung durch die Spielleitung, aber nur in den ersten Runden. Dann muss klar sein, der Vater ist der Chef und bestimmt, wer zurückgehen muss. Die anderen TN hören auf den Vater und gehen ohne Diskussion zurück, wenn dieser einen ‚Wackler' oder Ähnliches gesehen hat.

Variationen:
Statt „Vater liest Zeitung" kann auch „1-2-3-4 Ochs am Berg" gespielt und gerufen werden. Die Regeln sind prinzipiell die gleichen.

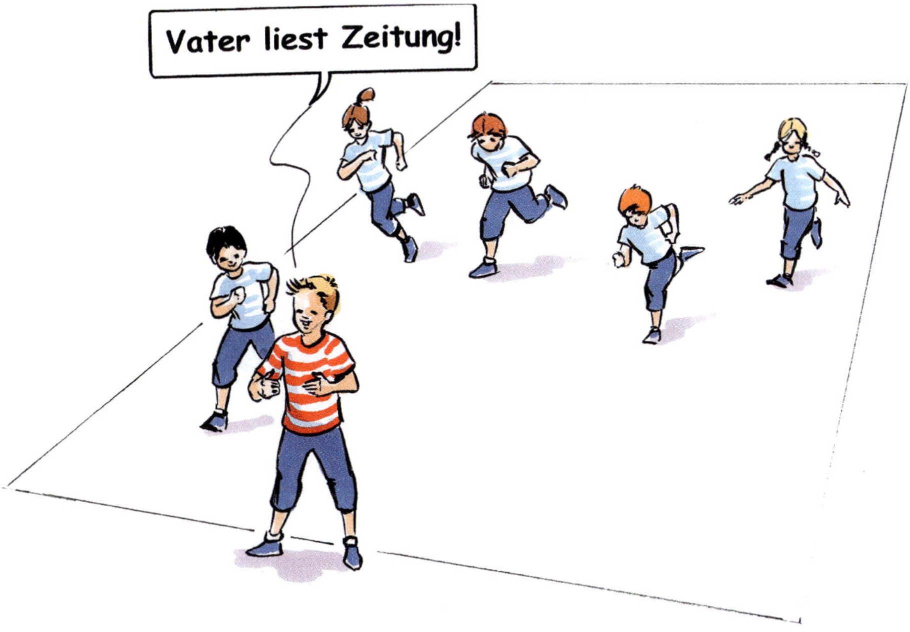

Kuhstall

Spielort: Halle, Sportplatz, Freigelände, Pausenhof

Material: kein

Spielidee und Grundregeln:
Alle TN bilden Dreiergruppen. Hierbei sollten möglichst ein oder zwei TN übrig bleiben. Zunächst bilden die Dreiergruppen einen Kuhstall. Hierbei ist einer die Kuh und die anderen beiden fassen sich an den Händen, nehmen die Kuh in ihre Mitte und bilden so den Stall.
Jetzt rufen die Übriggebliebenen entweder Kuh, Stall oder Kuhstall.

- Bei „Kuh!" wechseln alle Kühe die Ställe. Die Ställe bleiben stehen.
- Bei „Stall" wechseln alle Ställe ihren Platz. Die Kühe bleiben stehen.
- Bei „Kuhstall!" dürfen alle Kühe und Ställe ihre Rollen wechseln und wieder neue Kuhställe mit Kühen bilden.

Bei jeder Aktivität versuchen die TN in der Mitte schneller zu sein als die anderen und sich einen Platz als Kuh bzw. Stall zu sichern. Wer übrig bleibt, ruft das nächste Signal.

Hinweise zur Organisation, Methodik und Sicherheit:
Nach wenigen Minuten können die TN dieses Spiel ohne Spielleiter spielen, sodass Lehrende gegebenenfalls andere Aufgaben tätigen oder mitspielen können.
Insbesondere jüngeren TN fällt die Orientierung leichter, wenn die Kühe zur besseren Kennzeichnung die Zeigefinger wie Hörner an den Kopf halten.

Variationen:
–

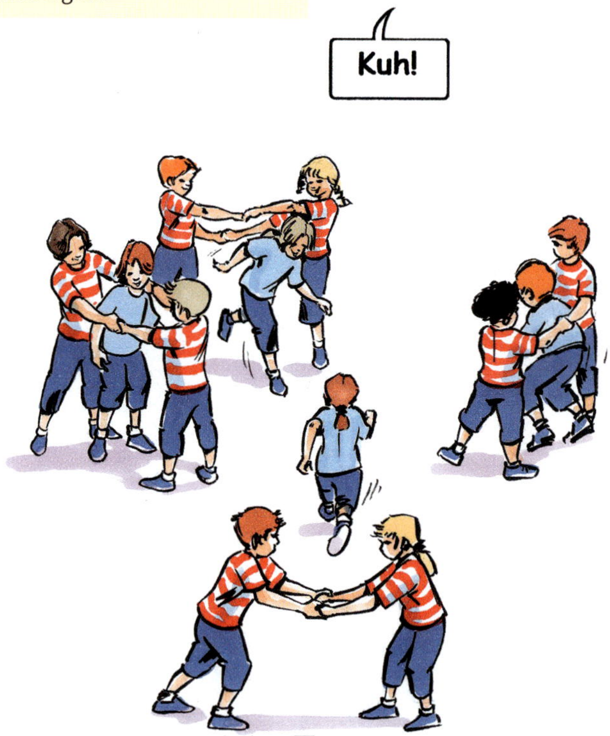

Roboter und Mechaniker

Spielort: Halle, Sportplatz, Freigelände, Pausenhof

Material: kein

Spielidee und Grundregeln:
In der einfachsten Variante gibt es einen Roboter und einen Mechaniker. Die TN gehen also paarweise zusammen. Der Mechaniker ist für den Roboter verantwortlich und kann ihn steuern, indem je nach Regelvorgabe nur verbale oder nur taktile Zeichen möglich sind:

- nur taktil: kurzer Tipp auf den Rücken bedeutet „an“ oder „aus“, ein Tipp auf die Schulter bedeutet eine Drehung um 90 Grad.
- nur verbal: an, aus, links, rechts, ggf. rückwärts

Der Mechaniker muss nun seinen Roboter sicher führen, ohne dass es einen Zusammenstoß mit den anderen oder Gegenständen gibt.

Hinweise zur Organisation, Methodik und Sicherheit:
Dieses Spiel wurde einmal von einer Kollegin in einem 12. Schuljahr gespielt. Die Kollegin erläuterte, dass die TN laufen sollen. Daraufhin schloss ein TN die Augen und lief los. Der Mechaniker konnte so schnell überhaupt nicht reagieren, sodass der Schüler frontal gegen die Hallenwand lief und einen Nasenbruch erlitt.
Folglich sollten Roboter und Mechaniker mit Zeit ihre Rolle und Verantwortung kennen lernen. Laufen ist nicht erlaubt. Die Roboter gehen langsam und etwas steif – wie Roboter eben!

Variationen:

- Die Roboter sind blind und schließen die Augen.
- Ein Mechaniker ist für 2 Roboter verantwortlich.
- Ein Mechaniker ist für 2 Roboter verantwortlich, die so gesteuert werden sollen, dass sie sich gegenseitig in die Arme laufen.

Tennisballmassage

Spielort: Halle; bei warmen Wetter Sportplatz oder Freigelände

Material: Tennis- oder Igelbälle, ggf. kleine Matten

Spielidee und Grundregeln:
Die TN gehen paarweise zusammen. Einer legt sich bequem auf den Bauch. Der Partner rollt nun – nicht zu sanft und nicht zu fest – den Tennis- oder Igelball langsam über den Körper. Die Arme und Beine sollten nicht vergessen werden. Nach einer Weile wird getauscht.

Hinweise zur Organisation, Methodik und Sicherheit:
Langsame Musik kann die kleine Entspannung unterstützen.

Variationen:
–

Alphabetische Übersicht der Spiele

Spiel	Seite	Unterrichts-anfang	Unterricht-sende	Zwischen-durch
6er-frei (Würfelfangen, Spielcasino)	52	x	x	
Abstürzender Fahrstuhl	88		x	
Äffchen	21	x	x	x
Affentheater (Zoobesuch)	27	x	x	x
Atomspiel	36	x		
Autofahren / Tierlauf	82	x		
Ballchaos (Verkehrter Igelball)	43	x	x	x
Bei einer 6 ist Schluss!	92			x
Berühre etwas ...!	12	x		
Bierdeckeljagd	79	x	x	x
Blind Date / Blinde Schnellballschlacht	77		x	
Blindenfußball / Tippkick	76		x	
Bratkartoffel	21	x	x	x
Briefe verteilen / Postspiel	14	x		x
Broccoli (Stabfangen)	16	x		x
Brückenfangen	35	x	x	x
Bruder hilf!	47	x	x	x
Der Häuptling und sein Schatz / Hundeknochen / Stachelschwein	76		x	
Die Löwen sind los!	25	x	x	x
Dirigentenraten	68		x	x
Dreieckfangen	39	x		
Dreiertipp	38	x	x	x
Du bist!	53	x	x	x
Elefantenfußball (Monsterball)	44		x	x
Entenmutter	29	x	x	x
Erwisch das Krokodil / Hey, das war mein Fuß	15	x		x
Familie Meier / Tierfamilien	38	x		
Fastfood (McDonald's)	37	x	x	x
FBI / Affenkäfig	51	x	x	x
Feuer – Wasser – Blitz	11	x	x	x
Figuren stellen	90		x	x
Fotograf und Kamera	63		x	x
Fuchs-Gans-Brennnessel	71	x	x	x
Fuchs und Gans	31	x		x
Gemeinsames Aufstehen	93		x	x
Goofy	65		x	
Gordischer Knoten	86		x	
Grünes Gift (Giftmännchen, Gifthexe, Giftpilz)	24	x	x	x

Spiel	Seite	Unterrichts-anfang	Unterricht-sende	Zwischen-durch
Halbes Hähnchen	22	x	x	x
Have You Ever?	90		x	x
Heulbojen in der Nacht / Zauberwald	64		x	x
Hundehütte (Zitronenmännchen)	54	x	x	x
Ich schicke eine E-Mail an ...	94		x	
Jägerball / Jeder ist Jäger	45	x	x	x
Jeder ist Dirigent!	91		x	
Körperteile fangen (Pflasterfangen)	26	x	x	x
Krankenhaus (Virus X, Sanitäterfangen, Bazillus)	50	x	x	x
Krokodile im Sumpf	69		x	
Kuhstall	98		x	x
Laufen und Malen	83		x	
Mattenrutschen	73		x	
Mäuseball	78		x	x
Stiller Spion	62		x	
Monsterschatz	30	x	x	x
Mustang / Tippfinger	55	x	x	x
Paarfangen / Kettenfangen	56	x	x	x
Pacman / Linienläufe / Spiele auf Linien	13	x		x
Pantomimenlauf	72		x	x
Pizzabäcker / Wettermassage	64		x	x
Rakete / Stille Rakete	84		x	
Regen	68		x	
Reifenstecher	35	x	x	x
Rhythmusmaschine	94		x	x
Roboter und Mechaniker	99		x	x
Rot berühren	75	x		
Roter Blitz	54	x	x	x
Rübenziehen (Zahnarzt, Sternenbrecher)	70		x	
Schaf und Wolf	48	x	x	x
Schildkröten drehen	32	x	x	
Schleicher	61		x	
Schmuggler	49	x	x	x
Schneckenlabyrinth	89		x	
Schnick-Schnack-Schnuck	17	x	x	x
Schuhhockey / Ringhockey	78		x	x
Siebenschläfer / Häuptling Manitu	93		x	
Sitz Hase! – Lauf Hase!	20	x		x
Sonne und Eismaschine	81	x	x	x
Spinnenkampf	33	x	x	x
Spinnennetz	14	x		x
Stille chinesische Mauer / Elektrischer Zaun	67		x	
Stopp die Maschine	85		x	

Spiel	Seite	Unterrichts-anfang	Unterricht-sende	Zwischen-durch
Störche und Frösche	23	x	x	x
Tennisballmassage	99		x	
Tiger im Kreis	18	x		
Tigerball	46	x		x
Toaster	74		x	x
Torjagd	41	x	x	x
Vampire in der Nacht	72		x	
Vater liest Zeitung / 1-2-3-4 Ochs am Berg	97		x	
Virus	46	x	x	x
Waschstraße	66		x	
Wer bin ich?	96		x	
Wetten dass ...!	40	x		
Wirbelsturm	87		x	x
Zahlenfangen / Namenfangen / Monatsfangen / Farbenfangen / Tierfangen	29	x	x	x
Zahlencomputer	81		x	
Zauberball / Schlaftiere	60		x	
Zauberer / Mister X	24	x	x	x
Zauberer und Tiger	80	x		x
Zehnerball / Parteiball	42	x	x	x
Zipp – Zapp!	86		x	
Zombieball (Merkball)	45	x	x	x
Züge fangen	95		x	x
Zug fahren / Henne und Habicht / Schlangenfangen	28	x	x	x

Literatur

BECHHEIM, Y. (2010): Erfolgreiche Kooperationsspiele. Limpert Verlag, Wiebelsheim

DÖHRING, V.; LANGE, A. (2013): Kleine Pausen- und Freizeitspiele für drinnen und draußen. Limpert Verlag, Wiebelsheim

DÖHRING-KRIEB, P. & BIEL, S. (2009): Spielehits für Grundschulkids. In: SportPraxis 50, 10, S. 32-35

LANGE, A.; DÖHRING, V. (2013): Kleine Klassenraum-Spiele für zwischendurch. Limpert Verlag, Wiebelsheim

MOOSMANN, K. (2009): Kleine Aufwärmspiele. Limpert Verlag, Wiebelsheim

MOOSMANN, K. (2010): Erfolgreiche Koordinationsspiele. Limpert Verlag, Wiebelsheim

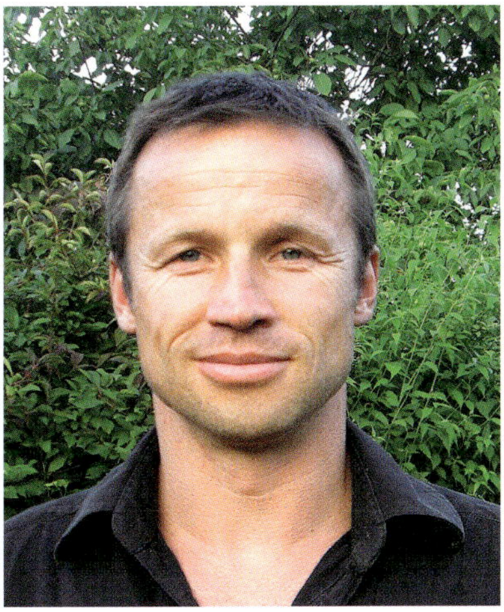

Dr. Volker Döhring ...

ist als Oberstudienrat in der universitären Lehrerbildung tätig. Er hat zuvor viele Jahre als Grundschullehrer und Schulleiter an verschiedenen Grundschulen gearbeitet. Neben dem Lehramt für Grundschulen verfügt er über das Lehramt an Haupt- und Realschulen, einen Magister mit dem Hauptfach Sport und wurde in der Sportdidaktik promoviert.
Jahrelang arbeitete er als Übungsleiter mit Kindern und Jugendlichen im Verein und ist Leiter von Übungsleiterfortbildungen im Leichtathletik- und Turnverband sowie von Lehrerfortbildungen.
Weitere Bücher vom ihm befassen sich mit dem Offenen Sportunterricht und mit der Planung und Auswertung von Sportunterricht.